Herbert Zinkl
LAUSIGE ZEITEN

Herbert Zinkl

Lausige Zeiten

Eine Jugend zwischen 1934 und 1945

Steirische Verlagsgesellschaft

Gewidmet all jenen,
die damals ihren Weg suchten

Inhalt

Gedanken zur Neuauflage

Seit dem Erscheinen meines zeitgeschichtlichen Erinnerungsbuches „Lausige Zeiten“ im Jahre 1988 habe ich viele Lesungen daraus gehalten, darüber diskutiert und von Menschen meiner Generation immer wieder ihre gleichartigen oder ähnlichen Erfahrungen bestätigt bekommen. Am meisten erfreut und zugleich überrascht hat mich allerdings das Interesse heranreifender junger Menschen, denen man zu gern Desinteresse an der noch nicht so lange zurückliegenden Vergangenheit unseres Landes und Absenz vom politischen Geschehen überhaupt vorwirft. Ich habe auf Einladung vor vielen Haupt- und Mittelschülern, insbesondere aber vor tausenden Absolventen steirischer Landesberufsschulen (meine besondere Anerkennung gilt hier den für politische Bildung zuständigen und engagierten Lehrkräften dieser Unterrichtsanstalten) ein Bild jener mit Grauen erfüllten Jahre zu entwerfen versucht und war immer wieder beeindruckt von der spürbaren Betroffenheit meiner Zuhörer.

Dieses Resultat vorausahnend, war es Wunsch und Wille meiner Lektorin Elke Vujica, die „Lausigen Zeiten“ – sollte das Buch vergriffen sein – als Taschenbuch auf dem Büchermarkt zu erhalten. Die Entwicklung des Verlages Styria hat dort diese Absicht leider verhindert, umso mehr freut es mich daher, dass Christine Wiesenhofer von der Steirischen Verlagsgesellschaft aus aktuellem Anlass diese Idee aufgegriffen und ihre Verwirklichung unprätentiös ermöglicht hat.

Im Wissen um das menschliche Unvermögen, Erfahrung weiterzugeben (da jeder nur als „erfahren" aufnimmt, was ihm als Person widerfahren ist), verbinde ich mit meinen hiermit weiterhin nachlesbaren Erinnerungen die Hoffnung, sie mögen zumindest als Mahnung verstanden werden. Als Mahnung, alle Anstrengungen zu unternehmen, um zu verhindern, dass sich solche Tragödien wiederholen. Dazu gehört Wachsamkeit gegenüber Intoleranz, Fremdenhass, Fanatismus und Machtmissbrauch seitens der Herrschenden als Ausgangspunkt für menschenverachtende Irrwege, wie sie meine Generation und viele vor ihr erlebt haben. Die Opfer und die Zeugen jener finsteren Tage und Jahre unserer Heimat sind meist nicht mehr auf dieser Welt. Die wenigen noch Überlebenden beunruhigt allerdings die Tatsache, dass der verhängnisvolle Ungeist von einst unter verschiedenen Tarnungen oder mit schamlosem Zynismus und Leugnung der Verbrechen Wiederkehr feiert. Bedauerlicherweise findet sein destruktives Wirken angesichts düsterer Gegenwarts- und Zukunftsperspektiven vieler Menschen einen fruchtbaren Boden.

Wer immer verpflichtet ist, klare Trennungslinien zwischen Humanität und Barbarei zu ziehen und der heutigen Generation einen lichteren Blick in die Zukunft zu ermöglichen (die Politik vor allem!) hat diese Pflicht wahrzunehmen. Und zwar rechtzeitig, will er sich nicht mitschuldig machen an künftigem Unheil, wie wir und unsere Väter mitschuldig wurden durch Verdrängen dessen, was man nicht glauben wollte, schließlich durch Duldung und Stillschweigen, als Dagegen-Handeln das eigene Leben bedrohte.

Graz, im Oktober 2004 Herbert Zinkl

Vorwort

„Für uns ist alles aus, wir sehen das befreite Österreich nimmermehr. Wir müssen sterben. Aber sag ihnen, sie sollen das nicht vergessen, dass wir sterben haben müssen! Sag ihnen allen, wie schwer wir leiden und was wir alles haben mitmachen müssen. Und dass sie aufpassen sollen auf Österreich, dass Österreich bleibt und dass Frieden wird im Land."

Das waren die Abschiedsworte dreier Frauen aus Kärnten an ihre Zellengenossin im ehemaligen Grazer Landgericht. Dann führte man sie, um halb elf Uhr am Vormittag des Heiligen Abends 1944, zur Hinrichtungsstätte. Sie starben, weil sie sich geweigert hatten, ihre Ehemänner zu verraten. Diese hatten einer Widerstandsgruppe im oberen Murtal angehört.

Während der Aufzeichnungen meiner in diesem Buch niedergelegten Erinnerungen an die Jahre von 1934 bis 1945 führte ich für eine Rundfunksendung ein Gespräch mit der mir aus früher Kindheit bekannten Zellengenossin jener unglücklichen Frauen. *Frieda Hauberger* war selbst wegen Hochverrats zum Tode verurteilt worden, entging jedoch nach sechs Monaten in der Todeszelle dem Henker.

Als ich aus ihrem Mund die letzte Botschaft jener drei Kärntner Frauen vernahm, wusste ich damit das wichtigste Motiv für die Niederschrift meines Rückblicks ausgesprochen: Jene Ereignisse, die zum Untergang Österreichs und zu seinem Wiedererstehen führten, vor dem

Vergessenwerden zu bewahren. Die Fakten sind aus Berichten und Dokumentationen, aus trockenen Zahlen über Menschenopfer und Zerstörungen hinlänglich bekannt. Zu wenig Publikation erfuhr hingegen meiner Meinung nach die Darstellung der Ereignisse aus der Sicht eines zu jener Zeit vom Kind zum Halbwüchsigen heranreifenden jungen Menschen. Zu sehr vernachlässigt scheint mir auch das von namenlosen Zeitgenossen erduldete, von namenlosen Zeitgenossen verschuldete Leid.

Mit meiner in Episoden zusammengefassten, durch Menschen und Handlungsorte aneinander geflochtenen Geschichte erstrebe ich keine Heroisierung von Opfern, keine selbstgerechte Verurteilung von Tätern. Ich möchte anschaulich machen, dass viele aus unfassbarer Verblendung oder aus gedankenlosem Mitläufertum in barbarische Gräuel verstrickt wurden, andere schuldlos diese zu ertragen hatten.

Obgleich es sich um die Aufzeichnung persönlicher Erinnerungen handelt, ist der Ich-Erzähler als Person unwichtig und austauschbar. Es gibt in unserem Land viele Menschen, die jene Jahre von einem vergleichbaren Standort aus mitgemacht haben.

Der Tatsache bewusst, dass die seither verstrichene Zeit die Ereignisse weggerückt hat, bekenne ich, dass mir dadurch einst verwirrende, einseitig gesehene Vorgänge überschaubarer geworden sind; die davon während Kindheit und Jugend empfangenen Kerben in Geist und Wesen vermag indes kein noch so langer Zeitraum zu verflachen.

Aus dieser Erkenntnis nehme ich für mich in Anspruch, Geschehnissen, deren Gegenwart ich teilte, wissentlich weder etwas hinzugefügt noch etwas davon weggelassen zu haben, das geeignet wäre, deren Charakter zu verfälschen.

Es liegt nicht in meiner Absicht, die Narben der Wunden, die Österreich einst sich selbst zugefügt, die ihm später von außen zugefügt wurden, frisch aufzureißen, sie jedoch als warnende Male sichtbar zu erhalten, sie im Bewusstsein der Zeitzeugen und ihrer Nachfahren zu verfestigen. Nur wer seine Vergangenheit als Teil seines Wesens, seiner gegenwärtigen Existenz erkennt, kann daraus die Fähigkeit gewinnen, sie als Erfahrung für sich zu nutzen, einiges davon als Entscheidungshilfe an Jüngere weiterzugeben.

Dank sagen möchte ich allen, die meine Erinnerung mit ihrer Information ergänzten. Die Erinnerung an eine Zeit, die nun schon mehr als ein halbes Jahrhundert hinter uns liegt.

Graz, 1988 Herbert Zinkl

Licht auf lausigen Zeiten

Jetzt ist alles wieder an seinem Platz: das Schusterpech, der betrunkene Pumpenwärtersohn, der Gendarm, die verschwundenen Kinder. Die rote Fahne weht vom Hochspannungsmast, der Dominoturm stürzt um. Die Vergangenheit tritt neben die Gegenwart. Ich verdanke es der unerwarteten Begegnung mit Anna, einem Mädchen aus meiner Schulzeit. Für Jahrzehnte war sie meinen Augen entschwunden gewesen, als sie wieder auftauchte, geschah es nicht losgelöst von Zeit und Raum, sie erschien verwoben in diese als deren Bestandteil. Verdrängtes, halb Vergessenes wurde durch sie in meiner Gegenwart lebendig. Nur wenig, was meiner Erinnerung zum vollständigen Bild fehlt, muss die Phantasie ergänzen. Aber auch ihr dienen bunte Steinchen, Splitter von Ereignissen, als Leitfaden und Anhaltspunkt. Sie verhindern, dass das Mosaik der Vergangenheit den Rahmen der Wirklichkeit überwuchert.

Vor mit steht die mörtelgraue Baracke mit dem leicht geneigten teerpappegedeckten Dach. Nach kühlen Nächten dampft die Feuchtigkeit in Schwaden davon auf, es scheint zu brennen darunter. In der Mitte teilt ein Gang die Baracke der Länge nach. Zu seinen beiden Seiten befinden sich die Türen zu den Wohnungen. Zwölf sind es an der Zahl. Es wird immer düsterer auf dem Gang, je weiter man sich von den beiden Eingängen entfernt. Ich vernehme das unermüdliche Kindergetrippel, eine Geläufigkeitsübung auf dem Instrument des knarrenden Schiffbretterbodens. Jeden Samstag scheuert eine andere Barackenbewohnerin ihn mit Lauge und Reibbürste blank. Es riecht nach Wasser, nach Soda. Kindergeschrei fliegt durch den Gang, kreischendes Gelächter, dann und wann heftig dazwischenfallend das zornige Stakkato genagelter Männerschuhe. Fluchworte, Türenschlagen, eine besänftigende Frauenstimme – „sind ja Kinder“ – kurze Stille, als hätte der lärmende Vogel Leben sich weggehoben. Gleich darauf alles wieder von neuem. Über der Alltagsmusik der tägliche Beizgeruch von angeschwitzter Zwiebel, eingebranntem Kohl, von Knochensuppe und Sauerkraut, flüchtig hineinverwoben ein Hauch von Kampfer, Melissengeist, Mottenpulver.

Vor der Baracke steht noch immer der längst außer Betrieb gesetzte Ziehbrunnen. Kein Tropfen sammelt sich an dem als Schlangenhaupt geformten Auslauf des Brunnenrohrs. Splittertrocken das Becken, das Holzgestell ums Ansaugrohr – es muss vor keinem Winter mehr geschützt werden. Der Schwengel ist wie die Rute eines verängstigten Hundes daran herabgesunken, mit einer Kette niedergebunden.

Hinter dem kleinen Hof, zu dem der Weg zwischen den Baracken sich erweitert, steht das Pumpenhaus der Wasserstation. Leiser, einförmiger Gesang des Pumpenmotors erfüllt es, zuweilen das Zischen der Kesselventile, wenn der Pumpenwärter sie entlüftet.

Die Tür öffnet sich, der Pumpenwärter, dieser glatzköpfige Mann mit dem bekümmerten Gesicht, tritt heraus. Er sucht den Weggraben ab, findet im grasweichen

Bett, was er sucht: seinen Trunkenbold von Sohn, der dort, blaurot im Gesicht, Hemd und Hose von Straßenkot und Erbrochenem besudelt, die Zeit zwischen zwei Räuschen überschläft. Er stößt ihn mit den Füßen an, erntet ein Rülpsen, einen knurrenden, lasterhaften Ausruf. Wir sperren die Ohren auf, um unseren Schatz an unflätigen Ausdrücken zu erweitern. Das Gesicht des Pumpenwärters wird noch ein wenig trüber, ein Seufzer entfährt ihm: „Mach nur so weiter, dann wirst du dich bald totgesoffen haben um mein Geld." Wir denken, womit sonst als mit dem Geld des Vaters soll der arbeitslose Lois sich seinen Schnaps kaufen?

Die Gastwirtschaft liegt nur wenige Schritte vom Pumpenhaus entfernt. Dort drehen sich die Bewohner des Barackenviertels manchmal zur japsenden Ziehharmonika, zur schrillen Klarinette auf dem reisigumkränzten Tanzboden. Bei Sommerfesten, beim Eisschützentanz. Das Schleifen beim Walzer, das Stampfen bei Polka und Marsch dringen bis spätnachts in unser Gitterbett. Sie singen und klatschen, sie rufen und lachen, die Leute aus unserem Arbeiter- und Arbeitslosenviertel. Sie lachen so gerne, wie alle jungen Leute, und haben doch so wenig zu lachen. Am nächsten Tag steht vielleicht der Gendarm an der Tür, platzt in die Wohnung, wirft das armselige Zeug aus den armseligen Schränken, verschwindet, nimmt den Vater mit auf ein paar Tage, auf ein paar Wochen.

Das Gitterbett am Fußende der elterlichen Ehebetten teilen sich der Bruder und ich – ausgenommen ich fiebere wieder einmal heftig, dann gehört es mir allein, und der

Bruder muss bei den Eltern schlafen. Es gehört oft mir allein.

Ans Gitterbett ist das früheste Bild meiner Erinnerungen geknüpft. Ich halte mich an den Gitterstäben fest, schlüpfe in mein Leib-und-Seele-Höschen, mit den Beinen voran, dann mit den Armen. Es besteht aus weichem Flanell und ist aus einem Stück gefertigt. Am Rücken verschließt es die Mutter mit Druckknöpfen. Selbst im frostigsten Winter hält es wunderbar warm, doch hat es einen Nachteil: Man kommt nicht immer schnell genug heraus, wenn man einmal ganz schnell heraus müsste.

Es ist ein grauer Tag. Es regnet. Der Vater sagt: „Es ist so schlechtes Wetter, da müssen die Buben nicht auf den Friedhof mitkommen." Sie gehen alle auf den Friedhof. Der Onkel hat sich etwas angetan mit dem Rasiermesser des Vaters. Wegen einer Frau. Vom Onkel wächst der Grabhügel hinter der Martinskirche auf dem Friedhof in mein Bild. Kurz vor Allerheiligen jätet die Mutter das Unkraut aus der Erde, legt Reisig herum – das kostet nichts, ein paar Blumen darauf – die kosten nicht viel, damit es was gleichschaut, wenn wir am Feiertag das Grab besuchen und die Großmutter, wenn sie dieses Jahr vielleicht doch auftaucht, auch zufrieden ist.

Manchmal kommt ein Werkelmann in unser Viertel. Es ist immer derselbe. Er sieht aus wie der verstorbene Ehemann der Frau mit dem Kropf, die uns gegenüber wohnt. Er trägt den gleichen Kaiserbart und besitzt auch nur einen Arm. Meistens spielt er traurige Lieder. „In des Gartens dunkler Laube saßen beide Hand in Hand" zum

Beispiel oder „Mariechen saß weinend im Garten, im Grase lag schlummernd ihr Kind“. Dann bleiben die Frauen auf dem Weg zum Greißler an der Straße vorn kurz stehen, hören ihm ein wenig zu. Sie wischen sich über die Augen und werfen dem Leierkastenmann einen Groschen in seinen umgedrehten Hut. Die kleine, dicke Frau Zenzi aus der Nebenbaracke, der alle ausweichen, weil sie so stinkt wie ihr riesiger Hund, lässt sich stets das Lied „Du schwarzer Zigeuner“ vorspielen. Dann steht sie mit verlorenem Blick dabei, krault ihren struppigen Hund und schüttelt den Kopf, als könne sie irgendetwas noch immer nicht fassen. Es heißt, sie sei eine Zeit lang mit den Zigeunern umhergezogen, die hin und wieder im Auwald unterhab der Baracken lagerten. Dann habe der schwarze Bursche, den sie liebte, ihr wegen einer echten Zigeunerin den Laufpass gegeben. Zum Trost ließ er ihr einen Hund. Frau Zenzi liebkoste ihn anstelle ihres verschwundenen Liebhabers wie einen Menschen.

Am frühen Nachmittag kommt der Vater von der Schicht heim. Er isst rasch, was die Mutter für ihn warmgehalten hat, rastet eine Viertelstunde – Kopf auf dem Tisch – von der Arbeit in der Gusshütte, vom Essen aus. Dann setzt er sich auf sein Schusterstockerl und pfuscht. Den dreibeinigen Hocker hat ihm der Pumpenwärter-Lois verschafft. „Schau“, hatte der Vater zu ihm gesagt, „du hast keine Schuhe und ich kein Schusterstockerl. Dein Vater hat eines und braucht es nicht.“ Der Pumpenwärter erfuhr nie, wohin sein Dreibein verkam. Wenn der Kneip den Absatzgummi oder das Sohlenleder nicht mehr recht schneiden will, schraubt der Vater den Schleifstein am Tisch, an der Kredenz oder wo gerade Platz ist fest. Er spuckt auf die graue Scheibe, dreht mit einer Hand die Kurbel, hält mit der anderen den Kneip an den Schleifstein. Das raucht und funkt! Nach einer Weile prüft er die Schneide. Er ist zufrieden, wenn sie wie ein Rasiermesser die Haare von seinem Unterarm schabt.

Alle paar Wochen taucht der „Billige Franz" in unserem Viertel auf. Er trägt einen Bauchladen. Zwei Schulterriemen halten ihn wie einen Rucksack fest, nur eben vorn am Bauch statt hinten auf dem Rücken. Seine Kappe hat er meist tief ins Gesicht gezogen. Man weiß nie genau, ob die Runzeln in seinem bartstoppeligen, braunen Gesicht vom Lachen herrühren oder vom Weinen. Die Leute sagen, er kommt aus Rumänien oder von noch weiter her. Aber vielleicht behauptet er das nur, damit sie ihm aus Mitleid eher etwas abkaufen. Er ruft in den Barackengang: „Der Billige Franzl is do, kauft's mir was oh!" Die Leute kaufen, was sie bei ihm billiger kriegen als beim Greißler an der Straße: Schuhbänder, Kämme, Taschenspiegel, Stopfgarn, Knöpfe. Sogar Wanddecken mit schönen Sprüchen zum Ausnähen hat er bei sich. Zwei handelt ihm die Mutter ab, näht sie mit blauer Seide aus, hängt sie an der spanischen Wand in der Küche auf. Der eine Spruch lautet: „Wenn's Kaffee regnen tuat / und Kipfeln dazu schneibt, / so bitt i mein Herrgott, / dass dös Wetter so bleibt." Und der zweite: „Die Ehe ist ein Übel, / ein bittersüßes Joch, / sie gleicht fürwahr der Zwiebel, / man weint und isst sie doch."

Auch für Kinder trägt der „Billige Franz“ etwas in seinem Bauchladen mit. Papierflöten, Holzpfeifen, Jojo-Spiele aus Japan, kleine, durchsichtige Kästchen mit Bleimäusen darin. Wer geschickt ist, kann sie in ihr Loch rütteln.

Der Bruder bekommt als Geburtstagsgeschenk eine Mundharmonika. Es ist nur ein einstimmiger Fotzhobel, aber er lernt bald ein paar einfache Melodien darauf spielen. Wenn er die eine Hand vor dem Instrument wölbt und mit der anderen leicht dagegen schlägt, klingt es noch einmal so schön. Die Töne hängen wie Sonnengeglitzer in der Luft zwischen den Baracken. „Muss i denn, muss i denn zum Städtele hinaus“, singt die Mundharmonika. Ein freundliches Licht legt sich auf meine geschlossenen Augen. Es liegt immer wieder auch auf den lausigen Zeiten.

Die Geschichte der Anna W.

Unter den Schülern meiner Klasse war Anna W. am schlimmsten dran. Sie saß hinter mir auf der Eselsbank und war so schwachsichtig, dass sie die Gesichter ihrer Mitschüler erst auf Armlänge unterscheiden konnte. Sie war schwer verlaust, die Lehrerin hatte sie zum Schutz der anderen Kinder in die letzte Bank gesetzt.

Wir trieben unseren Spaß mit ihr, hielten sie für dümmer, als sie war, da sie, wenn sie sich wehrte, immer den Falschen erwischte. Es war dennoch immer der Richtige. Auf dem Schulweg riss sie sich an einem Stacheldrahtzaun die Kleider auf, die Hände blutig. Der Stacheldraht zäunte die Kuhweiden des größten Bauern in unserem Ort – wir hielten ihn für einen steinreichen Mann – gegen das vierbeinige Rindvieh von innen ab und gegen das zweibeinige Rindvieh, denn dafür hielt er uns, von außen.

Anna trug keine Brillen, sie hatte nie welche nie welche besessen. Ihr Vater, ein ungelernter Hilfsarbeiter, war seit Jahren arbeitslos, zuletzt ausgesteuert. Er war der Sozialversicherung schon zu lange auf dem Beutel gelegen, nun zahlte sie nicht mehr. Für ihn und seine Familie sorgte die öffentliche Hand, die sich zu keiner Zeit durch besondere Freigebigkeit auszeichnete, am wenigsten zu jener.

Auch ohne Brillen lernte Anna schließlich, wo der Weg lang ging, ohne sich weh zu tun. In der Schule lernte sie wenig. Ihr Widerstand gegen den durch Lernen erzielbaren Zuwachs an Wissen entsprang, wie ihr schwaches Auge, teils erworbener, teils ererbter Abneigung. Diese ging auf ihren Vater zurück, der meinte, armen Leuten nützten kräftige Arme besser als ein kluger Kopf. Das hatte sich an ihm längst als Irrtum herausgestellt, trotzdem hielt er daran fest. Annas erworbene Lernscheu wurde von Läusen verschuldet. In ganzen Kolonien siedelten sie auf ihrem Haupt, ein untrennbarer Bestandteil ihrer Person. Noch jetzt sehe ich sie, wie sie ihren verlausten Schädel mit Federstiel oder Fingernägeln bearbeitet. Wie hätte sie lernen sollen! Wen es juckt, der denkt nur daran, wie er sich am wirkungsvollsten kratzt. Man war gegen die Läuse mit giftigen Pudern, ätzenden Laugen und alterprobten Hausmitteln, Petroleumeinreibungen und Glatzenschneiden, vorgegangen. Ohne dauerhaften Erfolg. Kaum sprossen die ersten Härchen wieder, kündigten Nissen, Lauseier, neue Kolonisten an. Der Kampf gegen sie war wie Pulverschlucken bei Kopfweh, bloße Symptombekämpfung, die Ursachen dauerten fort. Die Ursachen lagen in den rundum lausigen Zuständen in Annas Elternhaus.

Wann ich sie aus den Augen verloren habe, weiß ich nicht mehr. Jahrzehntelang blieb sie mir verschollen, in einen Abschnitt meiner Kindheit entrückt, dem meine Erinnerung auswich. Sie umging ihn wie ein morastiges Wegstück, aus dessen Tiefe noch die Blasen unterirdischer Gärung glucksen. Dort verrottete unter Ausschluss des Bewusstseins, was mit Anna und der Zeit, zu der sie gehörte, zusammenhing. Als der Prozess abgeschlossen war, stand sie plötzlich wie der vom Tode auferweckte Lazarus vor mir.

Ich glaubte sie in einer Frau zu erkennen, die mir beim Besuch in meinem Heimatort über den Weg lief. Ich war sicher, dass sie es war. Sie war gut gekleidet, ihr Haar sorgfältig gepflegt. Die Schwäche ihrer Augen korrigierten wahrscheinlich Kontaktlinsen oder es hatte die mit den Jahren zunehmende Weitsichtigkeit den Augleich herbeigeführt. Das Gesicht der Frau verhielt sich zu dem des Mädchens wie ein aufgegangener Germteig zu einem frisch abgeschlagenen. Backen, Stirn und Nase waren leicht aufgedunsen, unter dem Kinn zeigte sich ein Ansatz zum Doppelkinn.

Unsere Blicke erfassten einander, ließen das Gegenüber gleich wieder los. In ihren Augen sah ich es kurz aufblitzen, etwas wie Scham war es. Sie musste auch mich erkannt haben, trotz der Jahre, die seit den „lausigen Zeiten" vergangen waren.

Sie verschwand im nächsten Haus. Es schien, als flüchtete sie vor mir. Vor meiner Erinnerung konnte sie nicht flüchten, die hielt sie schon fest. Ihr Auftauchen wirkte wie ein Windstoß in schwelende Glut. Ich spürte plötzlich, dass kein Tag, den ich erlebt hatte, ausgelöscht war. Alles Vergangene wurde lebendig. Der Weg war gefunden, nun musste ich von Anfang an noch einmal die Zeit durchschreiten. Hier kurz, dort länger verweilen, den Menschen und den Ereignissen so begegnen, wie sie mir einst begegnet waren. Jene uneingestandene Angst, die mich bisher davon abgehalten hatte, war zerflattert. Eine

Weile dauerte es, bis ich mich an die plötzlich merkwürdig veränderte Umwelt gewöhnt hatte. Die Vergangenheit mischte ihren Anteil zu allem. Sah ich ein Haus, rundum saniert und restauriert, erblickte ich es gleichzeitig in seinem einstigen Zustand. Schadhaft war es gewesen, schäbig wie unsere Baracken. Die Dachtraufen vom Rost zerfressen, altersblind die Fenster. Ging ich auf einer Straße, erschlängelte sie sich im selben Atemzug durch meine Erinnerung ohne Asphaltdecke, kurvig, eng. Nur wenige Autos benützten sie. Die Arbeiter fuhren auf ihren Fahrrädern zur Fabrik, manchmal tauchte ein Motorrad auf. Die Beiwagenmaschine des kahlköpfigen Herrn R. etwa. War er guter Laune, lud er uns zu einer Spritzfahrt ein. Fünf Minuten, nicht länger dauerte sie, aber welche Ewigkeit an Glückseligkeit.

Nicht nur den Herrn R. sah ich. In manchem müden, erschöpften Greisengesicht entdeckte ich das Antlitz strammer Uniformträger. Würdige Herren, die nur noch ihre Dackel kommandierten, hörte ich andere Kommandos erteilen. Das Neben- und Miteinander verwirrte mich ein wenig, doch bald gewöhnte ich mich daran, lernte mich zurechtzufinden.

Anna war in dem Haus verschwunden. Es war zu spät, sie zurückzurufen. Ihr zu sagen, was ich dachte: Du bist ja nicht mehr verlaust. Und wenn ich dich auch noch in deiner jammervollen Mädchengestalt vor mir sehe, so ist das in Wahrheit alles längst vorbei und so weit hinter uns. Es kann nicht mehr kränken, nicht mehr wehtun. Aber sie war verschwunden, und nie mehr sah ich sie wieder.

Nicht weit von dem Haus, in das sie sich geflüchtet hatte, entdeckte ich plötzlich die armselige Verkaufsbude des Gemüsehändlers. Vor Jahrzehnten hatte er an diesem Platz neben der Flussbrücke seine Waren feilgeboten. Kraut und Rüben, Erdäpfel, Stangenbohnen, Zwiebeln, Gurken. Manchmal sogar, für uns unerschwinglich, Bananen, Orangen, getrocknete Feigen. Der Gemüsehändler war ein Witzbold, er begrüßte die Frauen mit „Grüß Gott, Frau Vater" und die Männer mit „Grüß Gott, Herr Mutter".

Hinter seiner Verkaufsbude duckte sich, als schämte sie sich ihrer Aufgabe, die einzige öffentliche Bedürfnisanstalt unseres Städtchens. Von der mit flüssigem Teer bestrichenen Pissoirwand wehte stets ein beißender Ammoniakgestank. Der kleine Gemüsestand und die öffentliche Bedürfnisanstalt sind zur selben Zeit aus dem Bild unserer Stadt verschwunden. Ich erinnere mich daran noch genau:

Ein Tag gegen Ende des Jahres 1944 taucht vor mir auf. Blasskalter Novemberhimmel. Plötzlich das schon vertraute, immer aufs Neue Angst hervorrufende Bild: schwarze Kreuze unter hohen Schleierwolken. In keilförmigen Formationen ziehen sie dahin. Gleichförmig dröhnen die Motoren. Es sind die Bombenflugzeuge der Amerikaner, „fliegende Festungen" genannt, die fast täglich über die Steiermark hinweg ihren Weg nach Wien, Linz, manchmal bis nach München nehmen. Bisher haben sie uns ungeschoren lassen. Die paar Bomben im Notabwurf zählen nicht. Da ist zum Glück nichts geschehen damals, ein entwurzelter Baumstrunk flog in eine leere Kindergartenhütte.

Plötzlich ändert ein kleiner Pulk seine Richtung. Vom Nordosten einschwenkend fliegt er, das Tal entlang, unsere Stadt an. Die Flak feuert. Im rechten Winkel, der sich zugleich als der richtige erweist, klinken sie ihre Bomben aus. Schon sausen sie herab, schwarze Punkte gegen den Himmel. Einige treffen, was sie treffen sollen, die Fabrik, andere, was sie vielleicht auch treffen sollen, eine Schule, Straßen, ein paar Wohnhäuser. Ein Volltreffer räumt den Gemüsestand und die dahinter geduckte Bedürfnisanstalt weg. Von Erdäpfeln, Kraut, Rüben, WC-Muscheln finden sich später, in weitem Umkreis verstreut, nur noch winzige Bruchstücke. Die Bombe hat einen tiefen Krater in die Erde gerissen, das nahe Denkmal des Dichters der Waldheimat, Peter Roseggers, von seinem Sockel in die Grube gestürzt.

Vor dem Bombentrichter stellten in der folgenden Nacht Spaßvögel, die mit ihrem Leben spaßten, denn solche Späße konnten einen damals den Kopf kosten, eine Tafel mit folgendem Spruch auf:

Dreißig Jahre haben wir hier geschissen,
eine Churchill-Bombe hat uns rausgeschmissen,
und würde der Göring nicht Maier heißen,
würden wir hier noch weiterscheißen.

Zu diesem Vers hatte sie eine Äußerung Hermann Görings inspiriert. Göring war der für den Schutz des Reiches vor feindlichen Luftangriffen verantwortliche Reichsmarschall. Er hatte verlauten lassen, Hermann Maier heißen zu wollen, sollte eine feindliche Bombe auf Deutschland fallen. Das war lange her. Die Bomber der Alliierten kamen bei Tag und bei Nacht, Fabriken und Städte fielen in Schutt und Asche, aber Göring dachte nicht daran, sein Versprechen einzulösen.

Göring war ein imposanter Mann. Seinen mächtigen Bauch schmückten phantasievolle Uniformen mit goldenen Kordeln, Quasten, Knöpfen, Orden. Sein breites Gesicht erschien wie eine Mischung aus Mops und überfüttertem Baby. Auch eine Zyankalikapsel gehörte zu seinen Schätzen. Diese Giftkapsel holte er, wie es hieß, beim Nürnberger Kriegsverbrecherprozess aus ihrem Versteck in einem hohlen Zahn, zerbiss sie und ersparte damit dem Henker sein Handwerk.

Ich war in meiner gegenwärtigen und in meiner Schulbubengestalt vor dem Haus angelangt, in dem Anna verschwunden war. Dieses Haus befand sich seit vielen Jahren im Besitz einer Händlerfamilie. Während meiner Kindheit sicherte das Geschäft seinem Inhaber ein mäßiges Auskommen. Der größte Teil seiner Kunden kaufte auf Kredit. Er gewährte ihn zu niedrigem Zins, vertrauensselig wie er war, und wurde selten enttäuscht. Wie wenig seine Kunden auch verdienten, ihre Schulden stotterten sie mit den ihnen zugestandenen winzigen Raten zuverlässig ab.

Auch die Eltern kauften bei ihm ein. „Er ist zwar ein Jud“, sagte der Vater, „der haut seinen Aufschlag drauf.

Aber die weißen Juden sind schlimmer als er." Als weißer Jude galt ihm mancher christliche Kaufmann in unserer Stadt.

Im Advent stopfte der Händler, ein kleiner, pausbäckiger Mann mit ewigem Lächeln im Gesicht, seine Schaufenster mit Spielzeug voll. In der übrigen Zeit verkaufte er Stoffe nach Metern, Kleider von der Stange, Bettwäsche, Unterwäsche. Einmal, vor Weihnachten, war ich nur mit Gewalt von seinem Schaufenster fortzuziehen. Ein Karussell drehte sich dahinter, in einem Himmel von glitzerndem, schillerndem, ratterndem, klingelndem Spielzeug. Auch das Ringelspiel bimmelte, während es sich drehte, mit einer unsichtbar und geheimnisvoll unter dem Schirm verborgenen Glocke.

Das Ringelspiel verhalf mir zum ersten Wunder in meinem Leben. Es lag als Geschenk für mich unter dem Christbaum. Ich wusste längst, dass keine Engel herabflogen, um uns zu beschenken, sondern dass es vom Verdienst des Vaters abhing, was das Christkind uns brachte. Doch an Wunder glaube ich seither, wie nüchtern die Erklärung der meisten auch sein mag. Auch das Wunder dieses Weihnachtsgeschenks war mir nicht vom Himmel gefallen. Ein Onkel, der bei uns wohnte, hatte dafür in seine zumeist leeren Taschen gegriffen. Er fand, oh Wunder, Geld darinnen. Er war arbeitslos, doch ein geschickter Fischer. Er holte im Abenddämmern oder im Morgengrauen an verborgener Stelle in der Au die schönsten Forellen aus dem Bach, der damals noch so sauber war, wie er es heute wieder ist. Einen Teil seines Fangs verkaufte er, einen Teil überließ er der Mutter zum Dank, dass sie ihn mitfütterte. Das war nicht leicht bei dem mageren Hilfsarbeiterlohn des Vaters. Es gab auf unserem Tisch hin und wieder Forellen! Schon ihre Zubereitung ging unter Vorsichtsmaßnahmen vor sich. Die Tür wurde versperrt, so dass der Gendarm, wenn er kam, um einen erwarteten Gesetzesverstoß aufzudecken, keinen unerwarteten entdeckte. Kam der Fisch in die Pfanne, wurde auch noch das Fenster verriegelt. Der Bratenduft sollte uns nicht verraten. Trotz Sorge und Angst beim Essen hat mir kein Fisch jemals besser geschmeckt als die schwarzgefischten des Onkels.

Das Schaufenster, vor dem ich stand, hatte seinen Inhalt mit jedem Besitzer gewechselt. Den ersten mir erinnerlichen Besitzerwechsel sehe ich vor mir. Er hat eine Vorgeschichte:

Ich sitze auf den Planken des einstigen Stacheldrahtzauns. Der steinreiche Landwirt hat ihn mittlerweile in einen Holzzaun umgewandelt. Unsere ganze Schule sitzt da. Anna sitzt da und kratzt sich. Auf der Straße rasseln Militärfahrzeuge vorüber. Soldaten winken heraus, lachen mit fröhlichen Gesichtern. Wir winken zurück, lachen, rufen, wie wir es von den Erwachsenen hören: „Heil Hitler, Heil Hitler, Heil Hitler!" Bis uns die Kinnladen erschlaffen, der Mund austrocknet, aus dem flotten Heil Hitler nur noch ein mundfaul verschlamptes „Heitler" wird. Die Deutsche Wehrmacht hielt Einzug in unserem armseligen Österreich, das jetzt auf einmal Ostmark hieß.

Den gepanzerten Wagen, Haubitzen, Granatwerfern, Kanonen folgten die Gulaschkanonen des Bayrischen Hilfszugs. Ihm hatte Adolf Hitler, der „Führer“, befohlen, seine hungernden Landsleute zu speisen, damit ihnen der Anschluss gleich noch ein wenig besser schmeckte. Eine dieser Gulaschkanonen bog in unser Barackenviertel ein, nahm neben dem Pumpenhaus Aufstellung und kochte aus. Kein Gulasch zwar, aber immerhin Braunschweigerwürste. Der Würstelduft lockte uns an wie der Speck die Mäuse. Einige Leute gleich ein paar Mal hintereinander, als müssten sie wirklich vor dem Verhungern errettet werden. Der Pumpenwärter-Lois stand dabei, salutierte auf schwankenden Beinen, bis er in den Weggraben fiel, um den mächtigsten Rauch auszuschlafen, den er sich jemals geleistet hat.

Dem Bruder und mir hatte der Vater es untersagt, von den „Deutschländern“ etwas anzunehmen, „sonst hau ich euch, dass noch die Nissen auf eueren Schädeln wimmern.“ Das war eine schlimme Drohung, sie tat ihre Wirkung, trotz ungerechtfertigten Hinweises auf Verlausung. Die enge Nachbarschaft zu Anna war für uns ohne Folgen geblieben. „Mit ihren Braunschweigerwürsten sind sie gekommen“, grollte der Vater, „ und mit dem Gold aus unseren Banken sind sie abgefahren.“

Den Gulaschkanonen folgten bald GESTAPO, Geheime Staatspolizei im ausgeschriebenen Deutsch, das sich immer neue Abkürzungen gefallen lassen musste, SA und SS, NSV, KHD, DAF, HJ und BDM für: Sturmabteilung, Schutzstaffel, Nationalsozialistische Volkswohlfahrt, Kriegshilfsdienst, Deutsche Arbeitsfront, Hitlerjugend und Bund Deutscher Mädchen.

Kaum waren wir ins Reich heimgeholt, verbreitete ein Nachbar wichtige Kunde. Zum Erstaunen vieler, die ihn bisher für einen eisernen Sozi gehalten hatten, war er über Nacht in eine SA-Hose geschlüpft, hatte Stiefel angezogen und das Abzeichen der Nazipartei von der Hinterseite seines Rockaufschlages auf die Vorderseite genadelt.

„Jetzt könnt ihr euch gratis mit allem eindecken, was ihr braucht und der Jud hat. Nehmt alles auf Kredit wie bisher, das Geschäft wird arisiert, die Schulden an den Juden gelten nicht", sagte der Mann. Und fügte eine Warnung hinzu: „Keiner soll sich erwischen lassen und jetzt vielleicht plötzlich bar zahlen und dem Juden Geld zustecken, damit er abpaschen kann." Schüchterne Bedenken zerstreute er. „Die haben uns lange genug ausgesaugt, jetzt kommen sie an die Reihe."

Wer wollte sich nicht gerne günstig eindecken? Und wer besaß schon Bargeld! Mancher Schnorrer und Schlucker kaufte auf Biegen und Brechen. Das dicke Ende kam hinterher. Der spätere neue Besitzer, ein waschechter Arier, trieb alte und junge Außenstände samt Zins und Zinseszins mit deutscher Gründlichkeit ein.

Der Wahrheit und der Ehre halber muss berichtet werden, dass auch andere arme Schlucker im Geschäft auftauchten, durch die Hintertür, denn die vordere wurde schon beäugt. Sie kamen nicht, um ihre Schulden zu vermehren, sondern um die alten abzustatten, mit Bargeld, das sie, weiß Gott wo, aufgetrieben hatten. Sie verhalfen damit dem verschreckten Mann zu den Mitteln, um über die Grenzen zu entkommen, solange für ihn und seinesgleichen noch Gelegenheit dazu bestand.

Jahrzehnte später stand mir sein Name plötzlich wieder vor Augen. Ich durchblätterte die Liste der Auslandsabnehmer des Wochenblattes, bei dem ich damals tätig war. Ich wollte herausfinden, wo in aller Welt irgendwer neugierig war auf das, was wir, Woche für Woche schwarz auf weiß, unter die Leute brachten. Ich las seinen Namen und darunter eine Adresse in Venezuela. Ich schrieb hin. Er war es, antwortete mir. Was in der Zeitung stand, berührte ihn nicht, aber sie war eine Brücke nach Österreich, in die alte Heimat. Er konnte sie nicht vergessen, auch wenn man ihn daraus fortgejagt hatte.

Gegen Bargeld bei ihm einzukaufen, wagte auch eine Frau aus unserem Viertel. Sie hatte sich von den Drohungen nicht einschüchtern lassen. Als es aufkam, und es kam natürlich auf, schnitt man ihr die Haare ab, hängte ihr eine Pappkartontafel um den Hals, worauf stand: „Dieses arische Schwein kauft bei einem Saujuden ein." und trieb sie als abschreckendes Beispiel unter Schimpf, Gejohle und Gelächter der wachsenden Anhängerschaft des „Führers" durch die Stadt.

Was weiter mit ihr geschah, erfuhren wir nicht. Manche Leute munkelten, sie sei nach Dachau in Bayern geschickt worden, von wo auch der Hilfszug hergekommen war. Dachau wurde zu einem geflügelten Wort. Es war auch das Ziel eines unserer Barackennachbarn. Er galt als Kommunist. Nach dem misslungenen Aufstand im Februar 1934 hatte er von den Sozialisten nichts mehr wissen wollen. Und von ihnen auch nichts mehr erwartet.

„Wenn du dein Maul nicht hältst, kommst du nach Dachau", hieß es. „Wenn du meckerst, kannst du bald in Dachau weitermeckern." – „Wenn du auf den Führer schimpfst, fahren sie mit dir nach Dachau." – „Wenn dir irgendetwas nicht passt, kannst du dich in Dachau darüber beschweren." Nur ein paar ausgemachte Dummköpfe hielten Dachau für eine Sommerfrische.

Auch der Sohn unseres Nachbarn folgte seinem Vater eines Tages in ein Lager. In ein Besserungslager, wie verlautete. Von seiner nunmehr allein stehenden Mutter – sie arbeitete in einer Gastwirtschaft – war angeblich keine ordentliche Erziehung zu erwarten. Wir wussten nicht, was an dem Nachbarsbuben gebessert werden sollte. Er war wie wir, den einen Tag folgsam, den anderen widerspenstig. Gutes Kind und Lausbub in einem.

Fünf Jahre später, als der Krieg zu Ende war, sahen wir ihn wieder. Niemand erkannte ihn. Er war fast siebzehn und sah aus wie elf. Eines seiner Augen hatte ein Tintenstift zerstört. Wir erfuhren nie, wo und wie es geschehen war.

Sein Vater war wenige Tage vor der Heimkehr unseres einstigen Spielgefährten umgekommen. Er war erschossen worden. Es geschah nicht in Dachau. Es geschah in keinem anderen Lager. Er war dem Grauen im KZ mit heiler Haut entkommen. Er hatte den Einsatz bei einem Himmelfahrtskommando, das so genannt wurde, weil viele dabei „in den Himmel" fuhren, durch eines jener

Wunder überlebt, an die er nie glaubte. Man zwang politische Gefangene zum Entschärfen von Blindgängern, Fliegerbomben, die beim Aufschlag nicht explodiert waren, solchen mit Zeitzündern, die oft erst die Explosion auslösten, wenn die Aufräumungsarbeiten anliefen oder wenn die Bomben gerade entschärft werden sollten.

Er starb – der Krieg war bereits zu Ende – unter besonders tragischen Umständen durch eine Kugel. Es war ein schändlicher Tod, ich hätte ihm einen ehrenvolleren gegönnt. Aber das ist ein späteres Kapitel.

Barackenkinder

Unser graubrauner Tigerkater Schnurrli und ich waren echte Barackenkinder. Wir waren nicht wie andere Leute aus besseren oder schlechteren Häusern zugezogen. Wir waren in der Baracke zur Welt gekommen, Der Bruder war noch in einem richtigen Haus geboren worden, wenngleich in einem schäbigen Untermietzimmer, das nur durch ein Zimmer zugänglich war, in welchem ein anderes junges Ehepaar mit Kind hauste. Der Vater übertrieb, wenn er behauptete, das Zimmer sei so dünnwandig und deshalb so schwer zu heizen gewesen, dass im bitterkalten Winter auf 1929 der Raureif von den Betten einfach nicht wegzubekommen war. Der Bruder sei deshalb vor Kälte immerfort zwetschkenblau gewesen. Wenn Abhärtung vor Kranksein schützt, muss im Bericht des Vaters ein Korn Wahrheit gesteckt haben: der Bruder war ein gesundes Kind.

In der Baracke froren wir nie. Im Winter stellte der Vater einen Sägespäneofen auf, einen großen Blechzylinder mit Zugloch und Aschenboden. Der Deckel wurde herabgenommen, in den Zylinder ein kleinerer gesteckt, der hieß Trommel. In der Mitte ihrer Bodenplatte befand sich ein Loch, in dieses wurde ein Stock gesteckt, rundherum wurden die Sägespäne festgestampft. Dann zog man den Stock heraus, brannte zerknülltes Zeitungspapier im Zugloch an, und bald saugte der Aufwind im Ofenrohr die Glut in der Trommel höher und höher. Vor dem ersten Anheizen im Herbst strich die Mutter, die gern Malerin geworden wäre und alles färbelte, was ihr unter die Hände kam, Ofen und Ofenrohr mit Silberfarbe an. Die musste vierundzwanzig Stunden ausstinken, ehe man es in der Wohnung wieder aushielt.

Der Ofen spuckte höllische Hitze. Ich verbrannte mir an dem glühenden Zylinder einst die Hinterbacke. Ich spüre den Schmerz bis heute. In unserer Wohnung konnte man sich nicht rasch umdrehen, ohne irgendwo anzustoßen. Ich drehte mich stets rasch um, ausgenommen, ich lag irgendeiner aufgeschnappten Kinderkrankheit wegen im Bett. Von jenem schmerzhaften Erlebnis mit dem Ofen an bewegte ich mich eine Zeit lang etwas vorsichtiger in unseren vier Wänden.

Schnurrli begann seinen Lebensweg in einem Holzverschlag, gleich hinter dem Barackeneingang. Dort lagerten die Bewohner Holz und Kohle, bewahrten Eingesottenes, Eingelegtes, Eingewecktes für den Winter auf. Die Mutter immer auch ein Fünfliterglas mit Eiern. Die kaufte sie, wenn sie am billigsten waren, legte sie in sulziges Wasserglas. Darin blieben sie lange frisch. Schnurrli lag hinter dem Eierglas auf einem Bett aus zerschlissenen Kleidern. Manchmal gefiel es ihm, wie das bei Katzen so ist, anderswo besser: mitten zwischen den Holzscheiten, auf der Stellage mit dem Eingemachten, in der Fensternische.

Ich begann den meinen im Schlafzimmer unserer Wohnung. Unsere Wohnung bestand am Anfang nur aus einem einzigen großen Zimmer. Die Eltern teilten es durch eine spanische Wand aus Leinen, so hatten sie eine

Küche und ein Schlafzimmer dazu. Die meisten Nachbarn taten es wie sie.

Kurz bevor ich sehen wollte, wie es bei den Leuten aussieht, die schon auf mich warteten, wurde die Hebamme gerufen. Mit dem Kinderkriegen machten die Frauen damals nicht viele Geschichten. Auch später noch nicht, als der jüngere Bruder zur Welt kam. Ich war schon zwölf und weiß es noch genau. Die Mutter hatte den halben Tag über im Garten Unkraut gezupft, Erdäpfel ausgegraben, die letzten Bohnen gesammelt. Als es dunkelte, kam sie hungrig heim, wärmte den Topf mit Kraut und Erdäpfeln, die vom Mittagessen übrig geblieben waren. Die Mutter ließ es sich schmecken und schickte den Vater, als plötzlich die Wehen einsetzten, um die Hebamme. Es war dieselbe, die schon dem älteren Bruder und mir ans Licht der Welt geholfen hatte. Sie kam, tat, worin sie hundertfache Erfahrung besaß. Eine Stunde später war der Bub da. Kein Wunder, dass es so schnell gegangen ist, sagte der Vater später, die hätten ja beide unmöglich nebeneinander Platz gehabt, der Topf Kraut und der Bub dazu. Die Mutter war zart, schmächtig, wog selten mehr als vierzig Kilo.

In den Baracken wohnten die Leute gratis. Sie hätten ein paar Schillinge dafür bezahlen sollen, weigerten sich aber hartnäckig und erfolgreich, auch nur einen Groschen dafür auszugeben. Die Baracken waren im ersten Weltkrieg für gefangene Russen und Italiener errichtet worden. Als die Gefangenen freigelassen und heimgeschickt worden waren, zogen Arbeiter, die sich keine teure Wohnung leisten konnten, mit ihren Familien in die Baracken ein. Von außen sah man ihnen nicht an, dass ihr weiches Herz aus Holz bestand. Man hatte sie mit Mörtel verputzt, erst wo er bröckelte, kam die Wahrheit zum Vorschein. Ihre Bewohner verweigerten den Zins aus gutem Grund. Sie sagten sich, wenn uns die Firma, der Baracken und Fabrik gehörten, hinauswirft, sind wir ihr wenigstens als kleine Rache die Miete schuldig geblieben. Wegen der Zinsverweigerung ließ die Firma an den Baracken nichts herrichten. So moderten sie langsam vor sich hin. Die Teerpappe auf den Dächern war löcherig wie Emmentaler. Regnete es stärker, mussten wir Töpfe und Pfannen aufstellen, die das von der Decke herabtröpfelnde Wasser auffingen. Sonst wären wir fortgeschwemmt worden, behauptete der Vater in gewohnter Übertreibung. Von den Bewohnern verdiente keiner genug, um die paar Schillinge für ein paar Rollen Dachpappe abzuzweigen. Jeder Groschen ging auf, den hungrigen Mäulern die Löcher im Bauch zu stopfen. Jene auf dem Dach taten wenigstens nicht weh, und immer regnete es ja auch nicht.

Die Küche diente dem Vater gleichzeitig als Schusterwerkstätte. Auf der kleinen, hölzernen Arbeitsbank, die ihm ein Verwandter zusammengenagelt hatte, lagen Hammer, Zirkel, Zange, Schusterpech, Wachs; standen kleine Blechdosen mit verschiedenen Nägeln, dünnen Wagnerstiften, flachköpfigen Täcksnägeln, kantigen Schernken, langen und kurzen Holzstiften. Am oberen Lattenrand, der das Bankerl zusammenhielt, hingen an eingeschlagenen Haken Raspeln und Feilen, Stupfer und Glättholz und was er sonst noch alles brauchte, um in verbotener Schwarzarbeit die durchgetretenen Sohlen und Absätze der Nachbarn herzurichten. So war sein erlernter Beruf, den er aufgegeben hatte, weil er zu wenig dabei verdient hatte, um eine Familie zu erhalten, doch noch zu etwas gut. Zusammen mit dem, was er für die Hilfsarbeit in der Gusshütte bekam, reichte es halbwegs.

Den Vater rührte es nicht, wenn die Mutter über seine Schusterei schimpfte. Die winzige Küche war fortwährend mit Handwerkszeug vollgeräumt, es stank in ihr nach Pech und Papp, nach heißem Wachs und Spiritus. Niemals konnte sie gründlich aufgeräumt werden. Die Mutter meinte es auch nicht wirklich ernst. Das Pfuschergeld war auf den Groschen für notwendige Ausgaben einkalkuliert.

Wegen meiner Anfälligkeit für Krankheiten sagte der Vater oft: „Der Bub ist der reinste Seismograph. Kaum reden sie irgendwo weit weg von Mumps, Keuchhusten, Masern oder Röteln, schon hat er sie aufgeschnappt.“ Ich war stolz darauf, ein Seismograph zu sein, nahm Husten und Schnupfen und Lungenstechen, wenn es nicht zu arg war, gern dafür in Kauf. Ich musste bei 39 Grad Fieber gewaltsam ins Bett gesteckt werden, war dabei noch quietschlebendig, während der Bruder, der es einmal mühsam auf knappe 38 Grad brachte, dabei schon Gespenster sah und phantasierte, dass einem angst wurde. Ich gewöhnte mich ans Kranksein, vertrieb mir die Zeit im Bett mit dem Zimmerkino. Das spielte immer, wenn draußen die Sonne schien. Ich verriet meine Entdeckung niemand, nicht einmal der Mutter. Durch den Fensterspiegel wurden die Schatten der Leute, die draußen vorbeigingen, der Kinder, die vor dem Fenster spielten, auf die Zimmerdecke geworfen. So hatte ich Gesellschaft, erfuhr, was sie gerade spielten, ob sie stritten, einander verprügelten, sich wieder aussöhnten. Manchmal vernahm ich Stimmen und Geräusche ein wenig verwischt und verändert durch den zischenden Puls in meinen Schläfen. Dann schwoll das Geschrei an, der Streit dröhnte, das Lied, das der Bruder unermüdlich auf seiner Mundharmonika blies, donnerte in meinem Kopf: „Muss i denn, muss i denn zum Städtele hinaus, Städtele hinaus …“

Vom jenseitigen Bachufer klang das Kikeriki eines Hahns herüber. Es mischte sich zu den anderen Lauten, übertönte bald alle, gellte immer schriller in meinen Ohren. Es schnitt mir messerscharf in die Brust. Schweißnass schreckte ich auf, sah den freundlichen Doktor an meinem Bett stehen. Er legte mir eine kleine, durch Schläuche mit seinen Ohren verbundene Metallscheibe auf Brust und Rücken. „Und jetzt huste einmal schön“, forderte er mich auf. Das tat ich auch ohne sein Verlangen. Er wandte sich an die Mutter: „Das ist wieder einmal eine Lungenentzündung, diesmal sogar eine doppelseitige. Aber wenn er die übersteht, wird er später ganz bestimmt ein gesunder Bub werden.“ Er behielt Recht. Ich überstand sie. Dank seiner Fürsorge, dank der heißen und kalten Wickel, des mit Honig vermischten Leinöls, der Schmierseifenumschläge und zahlloser anderer Hausmittel, die die Mutter unverdrossen an mir ausprobierte.

Und ich überstand sie, weil meine Uhr eben noch nicht abgelaufen war.

Schnurrli war ein robusterer Bursche. Schlief oder döste er nicht gerade in der Holzlage vor sich hin, jagte er im Keller nach Mäusen, fasste auch junge Ratten. In die Wohnung kam er nur, wenn er Lust auf eine Schale Milch hatte oder gestreichelt werden wollte. Die Milch brauchten wir ihm nicht zu wässern. Wir kauften immer nur die „blaue“. Das war Magermilch. Wie gewöhnliches Wasser warf sie einen blauen Schatten an den Rand der weißen Emailkanne. Hin und wieder schickte die Mutter mich um ein sechzehntel Liter sauren Rahm in die nahe Milchhandlung. Daraus bereitete sie Rahmsuppe, die niemals vergaß, wer sie einmal genoss. Sie schnitt gewürfelte Erdäpfel hinein, würzte sie mit Kümmel, Majoran, Thymian, Muskatnuss, einem Lorbeerblatt, Pfeffer, sogar einer Spur Zimt. Vom Sauerrahm schleckte ich ein, zwei Finger voll aus dem Kännchen. Die Mutter merkte es, sagte aber nichts.

Alle zwei Wochen holte sie die „Vierzehntagefassung“ beim Greißler. Wir duften sie begleiten. Weil sie den Einkauf ohnehin bis zum nächsten Ersten anschreiben ließ, fiel für jeden von uns eine Fünfgroschenschokolade ab. Sie war in blaue Papierhülsen verpackt. Die sammelten wir. Für hundert Stück versprach der Greißler eine Gratisschokolade. Ich weiß nicht mehr, ob wir uns jemals eine verdienten.

Putsch um Putsch

Den Keller unter unserer Baracke verdankten wir dem leicht abfallenden Hügel, auf dem sie stand. Er war nur von außen und nur von einer Seite zugänglich. Zu jeder Barackenwohnung gehörte ein kleiner, finsterer Verschlag im Keller. Auf dem feuchtkühlen Lehmboden hielten sich die eingelagerten Winteräpfel bis zum nächsten Mai – wir ließen ihnen aber keine Gelegenheit dazu. Die Erdäpfel keimten spät, Rüben und Rohnen hielten lange den Saft.

An einem Tag im Februar 1934 rief ein Mann in den Barackengang: „Schnell in den Keller! Die schießen auf uns!" Der Keller füllte sich mit Frauen, Kindern, alten Leuten. Außer dem zittrigen Herrn Feigenbaum befand sich kein anderer Mann darunter. Es krachte ein paar Mal wie bei einem schweren Gewitter. Aber im Februar wettert es nicht. Wir fingen zu weinen an. Die Frau mit dem Kropf steckte uns eine Scheibe Extrawurst in den Mund, da hörten wir gleich wieder auf. Ich dachte, wenn es immer Wurst gibt, fürchte ich mich weniger, wenn sie schießen.

Die Frau mit dem Kropf wohnte uns gegenüber. Sie nähte Faustflecke. Das taten mehrere Frauen in unserem Viertel. Die Fabrik zahlte ihnen dafür ein paar Schilling im Monat. Sie gaben die Faustflecke den Arbeitern an den Schmelzöfen, beim Verschub, am Lagerplatz im Freien. Sie waren weniger praktisch als Handschuhe, dafür billiger. Aus Jutesäcken wurden quadratische Flecken herausgeschnitten, die wurden mehrfach übereinandergelegt, zusammengenäht, fertig!

Als die Schießerei sich weiter in die Stadt hinein verzogen und endlich ganz aufgehört hatte, durften wir den Keller wieder verlassen. Die Frau von gegenüber kam, um zu sehen, ob bei uns auch etwas kaputtgegangen war. An ihrem Fenster war eine Scheibe zerbrochen. Sie dichtete das Loch mit Packpapier gegen den kalten Februar 1934 ab. Die Mutter lief mit verweinten Augen umher. „Er wird schon kommen, ganz bestimmt kommt er. Der lässt sich doch nicht erwischen“, tröstete sie die Nachbarin.

Wer sich nicht erwischen lassen sollte, war der Vater. Sie erwischten ihn tatsächlich nicht so schnell. Ein paar Tage nach dem Putsch tauchte er halb erfroren daheim auf. Er ging sogar, als wäre nichts geschehen, wieder zu dem Flickschuster, bei dem er hin und wieder aushalf. Der ließ ihn ein paar Schilling verdienen, seit es in der Fabrik keine Arbeit mehr für Vater gab. Kaum war der Vater ein paar Tage zu Hause, holten sie ihn ab. Drei Gendarmen fuhren in einem Taxi beim Flickschuster vor und nahmen ihn mit. „So nobel bin ich nie wieder von der Arbeit abgeholt worden“, sagte er später.

Wir durften ihn ein paar Mal in der Bezirksstadt besuchen. Die Mutter brachte ihm etwas zu essen, wie sie ihm früher, wenn er Überstunden gemacht hatte, Essen in die Fabrik nachgetragen hatte. Der Vater war in einem großen Kinosaal eingesperrt. Zusammen mit 543 anderen Putschisten. Er tat uns leid, aber wir freuten uns aufs

Autofahren. In die Bezirksstadt fuhren wir nämlich mit dem Autobus. Das war ein klappriger, rotbrauner Kasten, er rumpelte und schaukelte. Es roch aber aufregend in ihm, nach Benzin, nach Leder, nach den vielen Leuten, die gleich uns einen „Eingesperrten" besuchen fuhren. Und wie alt und schäbig der Autobus auch war, den Höllriegel, wo selbst der Radfahrer mit den kräftigsten Muskeln absitzen und sein Rad schieben musste, nahm er in einem Anlauf.

Ich verstand lange nicht, was die Leute meinten, wenn sie vom „Putsch" redeten. Putsch nannten wir das Schweinevieh. Ein solches Putsch fütterte auch der Vater eines unserer Spielgefährten. Er wohnte im selben Viertel wie wir, jedoch nicht in einer Baracke. Er wohnte in einem der vier richtigen, gemauerten Häuser. Sie waren nur zwei Stockwerke hoch, doch nannten wir sie die „hohen Häuser". Sie waren auch nicht mit Teerpappe gedeckt, sondern mit echten Ziegeln. Da konnte es regnen, wie es wollte, wer dort wohnte, saß immer im Trockenen. Zu den Wohnungen in den „hohen Häusern" gehörten auch kleine Ställe. Es waren nur einfache Holzverschläge, gerade groß genug für Hasen und Hühner. Manche Leute hielten sich ein Schwein darin. Es waren arme Schweine, sie konnten sich kaum umdrehen. Länger als bis Weihnachten lebten sie aber ohnehin nicht. Wenn die Leute in den „hohen Häusern" einmal „mussten", blieb ihnen allerdings der Gang zum gemeinschaftlichen Plumpsklo so wenig erspart wie uns. Es wimmelte auch in ihrer Abortbaracke von langbeinigen Weberknechten, die einem gerade dann über die Beine krabbelten, wenn man am wenigsten weglaufen konnte. In den Winkeln und Ecken hingen genau dieselben glitzernden Spinnennetze wie bei uns. Und die Kreuzspinnen waren um nichts größer.

Nach einigen Wochen nahm es mit den Autobusfahrten ein Ende. Der Vater und die meisten anderen Putschisten waren wieder freigelassen worden. Dafür gab es jetzt bei uns häufig Besuch. Die Besucher waren zwei Gendarmen, groß und mager der eine, klein und fett der andere. Sie sahen wie Pat und Patachon, die wir vom Kino her kannten, aus. Der Lange mit dem scharfen Gesicht nahm es bei den Hausdurchsuchungen weniger streng als der Kleine. Dem lag viel daran, sich groß aufzuspielen. Zu uns kam meist der Kleine. Er radelte auf seinem Fahrrad heran, sprang ab, lehnte es an die Barackenwand und war auch schon an der Tür. Er riss sie auf, schwenkte einen Wisch in der Luft und rief: „Hausdurchsuchung!" Er sagte tatsächlich Hausdurchsuchung, obwohl es nur eine Barackendurchsuchung war. Im Handumdrehen flogen Kleider, Wäsche, Strümpfe, Schuhe aus dem Kasten, Töpfe, Pfannen, Teller aus der Kredenz. Noch ehe er zu wüten anfing, schickte uns die Mutter hinaus. „Spielt euch", sagte sie, „aber rauft mir nicht. Wenn der Herr Inspektor fertig ist, ruf ich euch." War der Herr Inspektor fertig, räumte die Mutter mit zornigem Gesicht alle Habseligkeiten wieder an ihren Platz. Der Vater räumte eilends sein Schusterbankerl aus dem Versteck in der Holzlage, und los ging die Pfuscherei. Knapp nach einer Hausdurchsuchung war er am sichersten vor Entdeckung.

Der Gendarm kam meist jeden zweiten Tag. Manchmal ließ er einen Tag aus, kam dafür anschließend an zwei aufeinander folgenden. Der Vater schäumte vor Zorn. „In zwei Monaten dreht der Kerl dreißigmal alles drunter und drüber. Und was findet er? Nichts.“ Endlich riss der Mutter die Geduld. Als der Gendarm wieder einmal seine Hand an die Kastentür legte, baute sie sich in ihrer winzigen Größe vor ihm auf. „Jetzt sag ich Ihnen etwas, Herr Inspektor“, sagte sie so laut, wie sie mit uns schrie, wenn wir ungehorsam waren, „schauen Sie sich genau an, wie es in meiner Wohnung aussieht. Genau so möchte ich, dass es aussieht, wenn Sie wieder abziehen. Sonst bin ich morgen beim Oberinspektor und werd mich über Ihre Schikanen beschweren.“

Der Gendarm ließ es sich gesagt sein. Von diesem Tag an unterzog er unsere Wohnung nur noch oberflächlicher Untersuchung. Trotzdem wurde er endlich für seinen Eifer belohnt. Anstelle der Wohnung nahm er sich nunmehr den Vater vor. Wo er ihn gerade traf, visitierte er ihn. Er drehte ihm alle Taschen um, schüttelte alle Papiere aus seiner Ausweistasche. Viel war es nicht, was er fand. Aber es genügte. In seiner Brieftasche trug der Vater ein Foto mit sich, auf dem zwei Gesichter abgebildet waren. Das eine gehörte dem Nationalratsabgeordneten Koloman Wallisch, das andere dem Ingenieur Georg Weissel. Zwei Anführer des Februarputsches, sie waren unterdessen hingerichtet worden. Der Gendarm nahm den Vater auf der Stelle fest. Das Foto mit den beiden Gesichtern war staatsgefährdend. Diesmal kam der Vater nicht mehr in den großen Kinosaal, dort spielte man längst wieder Filme. Er kam in eine richtige Zelle im Bezirksgericht. Für jedes Gesicht auf dem Bild fasste er einen Monat Arrest aus. „Das waren meine teuersten Bilder", sagte der Vater oft. Er meinte das Wort teuer in seinem doppelten Sinn.

Die Festnahme des Vaters fand einige Wochen vor Weihnachten statt. Wir zitterten um unseren Christbaum. Der Vater hatte ihn gewöhnlich ein paar Tage vor dem Fest aus irgendeinem Wald geholt. Jetzt war er eingesperrt. Diesmal würde kein Fichtennadelduft unsere Wohnung durchziehen, kein Kerzenflackern sie mit warmem Licht erfüllen, kein Sternwerfersprühen sie magisch verzaubern. Wir sorgten uns grundlos. Wir bekamen unseren Christbaum. Er war größer und glänzender als je einer zuvor. Mag sein, er erschien uns nur so, weil wir mit keinem mehr gerechnet hatten. In buntes Seidenpapier gewickelte Bonbons hingen darauf, spanische Windbäckerei, Schokoladeringe mit farbigem Zuckerstreusel. Am Christtag kostete ich zum erstenmal, was ich bisher kaum vom Hörensagen kannte: Schlagobers! Er war uns von einer Frau geschenkt worden, die im Molkereibetrieb der Stadt arbeitete. Sie hatte auch noch eine Schachtel Kekse und Vanillekipferl für uns gebacken. Jemand anderer brachte uns ein Stück Mohnpotitze, und der Vater unseres Spielgefährten aus den „hohen Häusern" stellte sich mit einem Stück Fleisch von dem Schwein ein, das er zum Fest geschlachtet hatte. Einige Leute auf unserem Viertel, selbst nur wenig besser dran als wir, halfen zusammen, um den Familien der Inhaftierten das Fest zu bereiten. Zur christlichen Nächstenliebe hatte sie niemand ermahnt, sie machten um die Kirche einen Bogen, warfen alles, was mit ihr zusammenhing, in einem Topf. „Das versteht sich doch von selbst", sagten sie, „dass der, dem es besser geht, dem anderen hilft." Das war es auch, was sie unter Sozialismus verstanden.

Dem Vater half die Unterstützung, die uns zuteil wurde, ein wenig über seine bitterste Enttäuschung im Februar 1934 hinweg. Als er die Leute seiner Schutzbundabteilung zusammenrief, klopfte er bei einigen vergeblich an. „Lass uns aus dem Spiel", beschieden sie ihm, „damit wollen wir jetzt nichts mehr zu tun haben. Und wenn du es nicht glaubst, da schau her." Sie hatten still und heimlich die Fronten gewechselt, waren zu den Nazis übergelaufen. Sie ersparten sich die Teilnahme am Februarputsch (freilich nicht an jenem Putsch im Juli desselben Jahres!), ein paar Wochen hinter Gittern und das bittere Gefühl, im Prozess der österreichischen Selbstzerfleischung zu den Verlierern zu gehören.

Der Vater erzählte wenig über den Ablauf der traurigen Tage. Nur ein paar Wegmarken blitzten, noch Jahre später und in hohem Alter, aus den Schleiern, die das Vergessen und das Vergessenwollen darüber legten. Vor dem überlegenen Militär waren sie in die Berge geflohen. Hatten unter Heuschobern genächtigt, der strenge Frost hatte einigen die Zehen abgefroren. Humpelnd schleppten sie sich weiter, über Berg und Tal zum letzten vereinbarten Sammelplatz der Geschlagenen auf dem Eisenpass im

Bergzug der so genannten Hochalpe zwischen Frohnleiten und Leoben. Dort hörten sie den, den sie nicht oft genug hatten reden hören können. Zum letzten Mal richtete er das Wort an sie, jener Mann, von dem sie wie die Juden von Moses glaubten, er werde sie aus Drangsal und Armut in ein besseres Leben führen: ihr Koloman Wallisch: „Es ist leider alles schief gegangen. Die Wiener Neustädter und die Eisenbahner haben uns im Stich gelassen. Schaue ein jeder, wie er sich in Sicherheit bringen kann."

Wenn sie ihm auch sonst blindlings vertrauten. Diesmal wollten sie nicht glauben, dass das Ende der Bewegung, an der sie mit ganzem Herzen hingen, gekommen war. Lange noch hofften sie auf Hilfe von außen, von der Tschechoslowakei vor allem. War es nicht einigen hohen Funktionären gelungen, sich und das von den Parteimitgliedern eingezahlte Geld ins Ausland zu retten? „Gott sei Dank", wie der Vater sagte, „sonst wären noch ein paar Leute mehr gehenkt worden und das Geld jenen zugekommen, die es ganz bestimmt nicht bekommen sollten." Sie setzten den Aufstand im Herzen fort, trugen ihn manchmal nach außen, mit Aktionen, die nichts mehr veränderten, doch verkündeten: „Seht her, wir sind noch da, und wir geben nicht auf."

Zu diesen Aktionen gehörte das geheime Verteilen von Flugschriften mit Aufrufen gegen das Regime. Dazu gehörte auch die Sache mit der Fahne. Sie flatterte eines Morgens von der Hochspannungsleitung. Eine rote Fahne mit drei weißen Pfeilen. Jeder Pfeil war auf einen Gegner gerichtet. Die hießen Reaktion, Faschismus, Kapitalismus. Die Mutter – wozu war sie eine gelernte Schneiderin? – hatte die Fahne genäht, flink und geschickt, wie ihr jede Arbeit von der Hand ging. Diese besonders, da sie ihr das Gefühl vortäuschte, noch etwas bewirken zu können. Schnell musste sie sein, weil die Zeit zwischen zwei Hausdurchsuchungen meist kurz war. Der Vater und ein Mann aus der Nachbarbaracke kletterten bei Nacht und Nebel mit der Fahne den Eisenmast hoch, ließen sie, in halsbrecherischer Unternehmung, auf dem obersten Draht an einer eigenen Vorrichtung ein Stück hinausrutschen. Die halbe Stadt genoss am folgenden Tag die Stunden, die es dauerte, bis die Fahne mit dem Zeichen der verbotenen Partei endlich eingeholt war.

Über den zweiten an der Fahnenaktion beteiligten Mann steht ein schlimmes Kapitel aus. Auch nach dem Anschluss ans Hitlerreich ließ er noch einmal eine Fahne mit drei Pfeilen, ergänzt durch Sichel und Hammer, an einem Leitungsmast hochgehen. Da war aber der Vater nicht mehr dabei. Der Mann mit dem Gesicht, das immer lacht, obwohl Otto Hauberger, nach dem heute eine Straße in unserer Stadt benannt ist, in seinem kurzen Leben wenig Grund dazu hatte, endete unter den Händen von Gestapoleuten. Seine Frau starb viele Tode und kam doch mit dem Leben davon. Nach sechs Monaten in der Todeszelle!

Vom zweiten Putsch des Jahres 1934 sind mir weder Geschützdonner noch Extrawurst im Gedächtnis. Umso deutlicher hingegen der Name des Bundeskanzlers Dollfuß. Manchmal in merkwürdigen Zusammenhängen. So etwa erzählten die Leute bei uns, Dollfuß habe ein Lied verbieten lassen, weil er es als Anspielung auf seine kleine Figur verstand, Nämlich Hermann Leopoldis „Schön ist so ein Ringelspiel, es is a Hetz und kost net viel, dass sich auch der kleine Mann, diese Freude leisten kann“.

Der Bundeskanzler Engelbert Dollfuß war nur 147 Zentimeter groß, doch jeder Zentimeter an ihm war so gehasst wie gefürchtet. Und nun war dieser kleine Mann tot, von den Nazis umgebracht, vor denen er Österreich hatte retten wollen. Ein paar Wochen vorher hatten dieselben Leute, über die bei uns nur geredet wurde, wenn sie wieder irgendwo ihre Hakenkreuze auf Straßen und Hauswände gemalt oder Bomben geworfen hatten, eine Bombe auch in den Pfarrhof der Stadt geworfen. Ein junger Kaplan war dabei schwer verletzt worden und starb wenig später an seinen Verwundungen. Der Vorfall regte die Leute in unserem Viertel nicht sonderlich auf. Die Kirche stand auf der anderen Seite des Grabens, der immer weiter und tiefer aufriss im Land. Den kleinen Kaplan Eibel hatte vorher kaum jemand gekannt, und dem Pfarrer, von dem der Vater sagte, wären nur alle Pfaffen so wie er, war ja nichts passiert.

Der Vater war seit der Eheschließung im Jahr 1928 nur noch ein einziges Mal in der Kirche gewesen. Das war vier Jahre später beim Begräbnis des Bruders der Mutter. Von diesem Tag datierte sein Respekt vor dem geistlichen Herrn. Der hatte für den Verstorbenen ein Grab innerhalb der Friedhofsmauern, sogar recht nahe der uralten Martinskirche, ausheben lassen. Dort fand der Onkel, der sich aus unglücklicher Liebe mit einem Rasiermesser des Vaters die Kehle durchtrennt hatte, seinen letzten Platz auf Erden. Der Pfarrer hatte gemeint, wenn einen Menschen die Verzweiflung zu einer solchen Tat treibe, sei er nicht mehr bei klarem Verstand. Der Onkel bekam sein christliches Begräbnis, er hatte ja im „Zustand geistiger Verwirrung“ Hand an sich gelegt. Das Rasiermesser hat der Vater später im tiefsten Tümpel der Bach-Au versenkt.

Dieser Pfarrer war eine auffällige Erscheinung. Das graue Haar trug er stets zu einer Bürstenfrisur kurz geschoren. Wie ein Igel lief er herum. Groß gewachsen, ging er immer leicht gebeugt unter der unsichtbaren Last, die seine widerspenstigen Pfarrkinder ihm aufluden. Das Christentum verkündete er, wie er musste, in seiner Kirche. Dort hörte ihm freilich kaum ein Arbeiter zu. Doch er praktizierte es auch, wenn es galt, die schönen Worte in die Tat umzusetzen. Bei Sammlungen für die Gemeindearmen gab er sein Teil und, mehr als erwartet, ohne zu fragen, welcher politischen Idee einer, der Not litt und Hilfe brauchte, seine Seele verschrieben hatte. An ihm lag es nicht, dass die Arbeiter die Kirche meist nur von außen sahen und sich später, als es nach dem „Anschluss“ groß in Mode kam, sich von ihr endgültig lossagten.

Die Frau mit dem Kropf

Sie war schon da, als es in meinem Kopf zu denken begann. Ich dachte, sie sei unsere Großmutter, später, als ich erfuhr, dass sie es nicht war, glaubte ich, irgend jemand, der es sehr gut mit uns meinte, habe sie uns geschickt. Daran glaube ich noch immer.

Während einiger Jahre wohnte sie in dem Barackenzimmer uns gegenüber. Anfangs gemeinsam mit ihrem Mann, einem alten Herrn mit buschigem Kaiser-Franz-Joseph-Bart. Er besaß nur einen Arm, den anderen hatte ihm der „Erlachhammer" abgeschlagen. Das war der Schmiedehammer, an dem er gearbeitet hatte, tonnenschwer und wild, wenn man seine Kräfte losließ. Tiefer als der Verlust des Armes schmerzte es ihn, dass er ein Krüppel war und seiner Frau zur Last fiel. Sie musste eine Heimarbeit annehmen, um seine magere Invalidenrente zu einem Einkommen aufzubessern, von dem sie beide ohne Not leben konnten. Obwohl sie nie darüber klagte, enthob er sie der Last, für ihn mitverdienen zu müssen: Er legte sich zu Bett, kränkelte dahin und war eines Tages gestorben. Jetzt brauchte sie nur noch für ihren Unerhalt Faustflecke zu nähen.

Sie war von auffallender Größte. Noch auffallender war ihr faustgroßer Kropf, aber Kröpfe fielen damals nicht weiter auf. Sie waren ein weit verbreitetes Merkmal alpenländischer, insbesondere steirischer Herkunft. Erst mit dem zunehmenden Verzehr jodhaltiger Meeresfische hat sich der Kropf zurückgebildet, am einzelnen Individuum und in der gesamten Bevölkerung. Die Meeresfische verdankten wir dem Anschluss an Deutschland. Vor diesem Umschwung, der alles erfasste, sogar die Blähhälse, waren nur schwarzgefischte Forellen auf unseren Tisch gekommen. Nachher gab es jeden Freitag Kabeljau oder Dorsch, hin und wieder zarte Schollen, die mir ein wenig unheimlich erschienen, trugen sie doch beide Augen auf einer Seite. Das Fischessen am Freitag knüpfte an eine Tradition, die von der Mutter aufgenommen wurde, ohne dass sie über deren Ursprung nachdachte. Sie hätte bloß gelacht, hätte ihr jemand zu erklären versucht, der Fisch am Freitag habe etwas mit der christlichen Religion zu tun.

Dank des Jods in Dorsch und Kabeljau hat Adolf Hitler seine ostmärkischen Landsleute vom Kropf befreit. Es war eine seiner wenigen rühmenswerten Leistungen. Dem Basedow der Mutter war damit freilich nicht beizukommen. Alles vermochte der „Führer" eben auch nicht, obwohl wir ihm, nachdem er uns ins Reich heimgeholt hatte, allerhand zutrauten.

Aber noch waren wir nicht heimgeholt. Die Kröpfe wucherten, auch jener, den wir täglich zu Gesicht bekamen. Wenn unsere Wahlgroßmutter redete, hüpfte er an ihrem Hals auf und nieder. Wir kamen nie auf die Idee, er sei eigentlich ein krankhaftes Anhängsel. Er gehörte zu ihr, wie die Läuse zu Anna, wie der blaue oder der schwarze Kittel, die graue oder braune Weste, die sie abwechselnd trug, zu ihr gehörten. Ich tastete meinen Halls ab, um zu fühlen, ob mir nicht vielleicht auch bald ein

Kropf wüchse. Ihr ähnlich zu sein, sei es durch welches Merkmal immer, wäre mir in meinem Zustand kindlicher Liebe zu ihr als Gunst erschienen. Auch der Bruder liebte sie. Ihr waren keine eigenen Kinder geschenkt, so verschwendete sie ihre Mütterlichkeit an uns. Sie verstand mit uns umzugehen, als hätte sie ihr Leben lang nichts getan, als Kinder aufzuziehen, mit Liebe, Nachsicht, Strenge und unerschöpflicher Geduld. Die brauchte sie.

Der Mittelgang in der Baracke war bei Regenwetter im Sommer und zur kalten Jahreszeit unser Spielplatz. Wir sausten bei der vorderen Tür herein, bei der hinteren hinaus, wir warfen unsere Gummibälle an die Wände, dass es dumpf widerhallte. Wir pochten beim Auszählspiel mit unseren Fäusten daran, schrieen: „Eins, zwei, drei, ich komme!" Unser Geschrei erfüllte den Gang, unser Kichern, unser Gezänk, unser Weinen. Bis eine Nachbarin, „die Bißgurn", wie wir sie nannten, aus ihrer Wohnung schoss, den Finger an den Mund legte, „pscht" machte, „seid doch ein bisschen leiser, mein Mann hat Nachtschicht, wie soll er denn schlafen bei euerem Spektakel", sagte und wieder verschwand. Wir strengten uns an, leiser zu sein, vergaßen im Handumdrehen, warum wir es sollten, und los ging der alte Krach. Dann kam die Frau des Nachtschichtlers abermals heraus, fasste, wen sie gerade erwischte, beim Kragen. „Jetzt habt ihr ihn wachgebrüllt, tut euch das nicht Leid?" Wir begriffen nicht, warum es uns Leid tun sollte. Der Bißgurn, die keine war, habe ich später Abbitte getan, als ich an mir erfuhr, wie das schmeckt, in der Nacht arbeiten zu müssen in einer großen, zugigen, dröhnenden Fabrikshalle und bei Tag nicht schlafen zu können wegen des Kindergeschreis vor Tür und Fenster. Wenn wir gar nicht aufhören wollten, befahl uns die Mutter in die Wohnung, dann musste sie sich noch dünner machen, als sie war, und der Vater an seiner Schusterbank noch mehr Acht geben als gewöhnlich. Zu schnell kriegten wir einen scharfen Kneip in die Finger oder sonst ein Werkzeug, mit dem wir uns wehtaten.

Hin und wieder durften wir dann zur Frau mit dem Kropf in die Wohnung kommen. Wir setzten uns auf einen Stapel aus fertigen Faustflecken und schauten ihr beim Nähen zu. Sie zog eine Riesennadel in weiten Hexenstichen durch den faserigen Stoff. Feine Staubfäden tanzten, im Lampenlicht aufglitzernd, durch die Luft. Den Kopf geneigt, rutschte ihr die Brille auf die Nasenspitze, sie neigte sich immer tiefer, als wolle sie die Gläser mit den Augen abfangen. Manchmal sang sie uns einen lustigen Vierzeiler vor, wir verstanden nicht immer genau, was er bedeutete, lernten ihn aber rasch nachsingen. Damit protzten wir dann vor unseren Freunden. Sie ließ uns auch in ihren zu dicken Büchern gebundenen Kalenderheften blättern. Darin waren die wichtigsten Vorkommnisse eines Jahres in Fotografien und kurzen Berichten festgehalten. In einem war auch der Prinz Faruk abgebildet, als er mit kaum sechzehn Jahren König von Ägypten geworden war. Andere Bilder zeigten Menschen aus fremden Erdteilen. Besonders die „Negerfrauen“ mit den Schmuckringen in ihren riesigen Lippen fesselten uns.

Wir hatten noch keinen lebendigen „Neger“ zu Gesicht bekommen. Es gab damals im ganzen Land nur einen, der war Auskunftsmann im größten Kaufhaus von Graz. Manche Leute, die es sich leisten konnten, fuhren eigens, um den „Neger“ zu sehen, dorthin einkaufen. Für uns war die Landeshauptstadt Graz fast genau so weit weg wie die Insel Java, von wo er herstammte.

Der Obhut unserer Wahlgroßmutter wurden wir auch anvertraut, wenn der Vater und die Mutter mit ihren Fahrrädern auf die Schanz oder aufs Alpl radelten, um Schwarzbeeren, Preiselbeeren oder, wenn das Wetter warm und feucht genug war, Pilze zu sammeln. Die Mutter machte einen Teil der Beeren und Pilze für den Winter ein. Der größere Teil wurde an Händler aus Wien verkauft. Das trug zur „Arbeitslosen“ und zum Pfusch des Vaters noch ein paar Schillinge ein.

„Gehn S’, liebe Frau Angela“, sagte die Mutter, „Sie schaun mir eh wieder auf die zwei Buben, dann brauch ich mir keine Sorgen zu machen, dass sie was anstellen oder dass ihnen was passiert.“ Sie radelten weg, und bis sie abends wiederkehrten, war für uns Feiertag.

Frau Angela räumte eine große Pappendeckelschachtel unter ihrem Bett hervor und ließ uns darin wühlen. Der Karton war mit Hunderten Ansichtskarten voll gestopft, uralten und ganz neuen. Die Karten hatte sie bei anderen Leuten gesammelt, oder sie waren ihr von Verwandten, Freunden und Bekannten zugesandt worden. Sie stammten aus allen Ecken und Enden der alten Monarchie. An einige erinnere ich mich, weil mir die Orts- und Städtenamen aufregend, wie Signale aus der weiten Welt, in den Ohren klangen: Temesvar, Szegedin, Bozen, Meran, Laibach, Lemberg, Krakau. Sogar aus Paris waren einige darunter, mit dem Eiffelturm darauf. Wir hielten, bis sie uns aufklärte, auch Paris für eine Stadt des ehemaligen Kaiserreiches. Frau Angela war im Thörlgraben, in einem Dorf mit zehn Häusern, zur Welt gekommen und groß geworden. Aber sie wusste so viel von der Welt, als wäre sie in Wien aufgewachsen.

Die meisten Ansichtskarten waren aus Böhmen. Aus Böhmen stammte auch eine in unserer Baracke wohnhafte Heimarbeiterin. Ihr Mann war im Weltkrieg umgekommen. Der wurde damals noch nicht der Erste genannt, da uns der Zweite ja noch bevorstand. Sie nähte von früh bis spät Faustflecke, um sich und ihre beiden Kinder, Tochter und Sohn, durchzubringen. Die Tochter war bereits über zwanzig und trug, so oft sie die Wohnung verließ, ob bei Regen oder Sonne, immer ihren grünen Hubertusmantel. „Sie ist im Oberstübchen ein bisschen durcheinander“, sagten die Leute. Dafür war ihr Bruder schon als Bub gescheiter als die meisten Erwachsenen in unserem Viertel. Er war ein paar Jahre jünger als seine Schwester, bleich- und hohlgesichtig wie die Mutter, die Nase voller Sommersprossen. Er ging selten an die Sonne, hockte immer über seinen Büchern und Heften, da er, so behauptete Frau Angela, einmal ein Professor werden wollte. Damals besuchte er noch die Mittelschule in der Bezirksstadt, das war eine Seltenheit für ein Kind aus einem Arbeiterviertel. Sogar seine Lehrer wunderten sich über den begabten Jungen, wussten sie doch, wo er aufwuchs und dass von dort gewöhnlich nichts Gescheites herkam, nur Aufrührer, Rädelsführer und Putschisten. Einmal erschien in unserer Baracke einer der Schulprofessoren. Er kam, um nachzusehen, wie es bei dem Vorzugsschüler daheim zuging. Als ihm die Tür aufgetan wurde, fiel er fast um. Das ganze Zimmer war mit Stößen jutebrauner Faustflecke voll geräumt. Irgendwo dazwischen hockte der Musterschüler über seinen Büchern und lernte. „Komm doch heraus, Karli!“, rief der Professor, „man kann ja nicht hinein.“

Die Böhmin, so nannten wir Karlis Mutter, war sehr stolz auf ihren Sohn. Alle Leute im Viertel freuten sich mit ihr und schätzten sie, weil sie ihre beschränkte Tochter seinetwegen nicht vernachlässigte. „Ist sich sehr gescheites Bub, der Karli“, sagte sie, „ist sich aber sehr gutes Mädel, die Anni.“

Es war ihr keine lange Freude an ihrem klugen Sohn gegönnt. Karli schaffte die Matura mit Leichtigkeit, er bekam ein Stipendium und studierte an der Universität in Graz weiter. Das war eine Sensation. Er blieb auch dort weiterhin der Erste. Er war später einer der Ersten aus unsrem Viertel, der einrücken musste. Und dann war er wieder einer der Ersten, der als Soldat an der Front fiel …

Frau Angela, unsere Wahlgroßmutter, zog später in eine andere Wohnung. Als Lohn für eine Woche Bravsein durften wir hin und wieder von Samstag auf Sonntag bei ihr nächtigen. Sie bereitete uns aus Pölstern und aus der Tuchent ihres Bettes ein weiches Lager auf einem durchgesessenen Sofa, ihrem Diwan, so nannte sie das Monstrum stolz. Sie legte für sich als Polster eine ihrer Westen ins Bett und nahm als Zudecke den verschlissenen Kotzen, der tagsüber ihren noch verschlisseneren Diwan deckte. Bis zum Schlafengehen spielten wir „Mensch, ärgere dich nicht" oder logen beim gleichnamigen Kartenspiel, dass sich der Tisch bog. Dieses Spiel sah den als Gewinner, der seine Karten vor den anderen aus der Hand brachte. Es knallte immer ein Spieler nach dem anderen im Kreis herum jeweils seine Karten umgedreht auf den Tisch. Dazu rief er mit dem ehrlichsten Gesicht Kreuz, Herz, Pik oder Karo. Er musste so lange bei einer gewählten Farbe bleiben, bis ein Zweifler nachschaute. War die Karte von anderer Farbe als der angegebenen, musste der Lügner den ganzen Berg der abgeworfenen Karten an sich nehmen, „fressen" sagten wir. War sie richtig, fielen alle Karten dem Neugierigen zu. Gewinner waren fast immer der Bruder und ich. Unsere Wahlgroßmutter trug ihr Pech beim Spiel mit derselben Gelassenheit, mit der sie alles andere Böse in ihrem Leben ertrug. „Kein Schaden, wo nicht auch ein Nutzen ist", sagte sie und: „Unglück im Spiel, Glück in der Liebe." Waren wir ins Bett gekrochen, erzählte sie uns bis zum Einschlafen alle Märchen, die wir längst kannten und doch immer wieder hören wollten. Oft mag sie noch geredet haben, wenn wir längst im Traumhimmel schwebten. Nie strahlte er heller, als wenn er unseren Schlaf unter ihrem Dach behütete.

Als Gegenleitung fürs Märchenerzählen mussten wir ihr am Sonntagmorgen etwas vorsingen. Sie richtete das

Frühstück, wir lagen im Bett und sagen: „Fuchs, du hast die Gans gestohlen“; „Weißt du, wie viel Sternlein stehen, an dem blauen Himmelszelt“; „Alle meine Entlein schwimmen auf dem See“. Auf jeden Fall aber: „Tirol, Tirol, Tirol, du bist mein Heimatland“. Davon konnte sie nicht genug kriegen, seit sie es einmal die Geschwister Buchberger singen hören hatte bei einem Konzert in unserer Stadt. Manchmal sangen wir auch jene Vierzeiler, die sie uns beim Faustflecknähen beigebracht hatte: „Do droben auf dem Bergerl, do steht a Kapölln, dort siacht ma den Pfarrer beim Erdäpfelstöhln.“ Wir durften erst mit dem Singen aufhören, wenn der Kneippkaffee auf dem Tisch dampfte und die Brote gestrichen waren. Ich bildete mir eine Zeit lang ein, tatsächlich singen zu können. Es war aber schon damals unüberhörbar, dass der liebe Gott mir dieses Talent nicht in die Wiege gelegt hatte.

Zu den größten Freuden ihres Lebens zählte Frau Angela gelegentliche Besuche von Kino- oder Theatervorstellungen. Wurde ein Film gezeigt, saß sie stets in der billigsten ersten Reihe. Wurde Theater gespielt, war sie von ihrem angestammten Platz nur schwer wegzubringen. Sie zahlte zwar auch hier immer nur die billige Karte der hinteren Reihen, saß aber dennoch immer in der ersten Reihe. Wollte sie jemand wegweisen, wehrte sie sich: „Geht’s nur nach hinten, in eure Logen, sitzt’s ja sonst auch immer dort.“

Als sie hoch in den Siebzigern stand, die Welt und das Leben langsam aus ihren Händen gleiten ließ, schenkte sie uns die Schachtel mit den Ansichtskarten. Ich rührte sie nicht mehr an, nachdem ich ihr zum letzten Mal begegnet war. Sie lag ganz still da, um sie herum Blumen, brennende Kerzen. Auf ihrem Gesicht dasselbe Lächeln wie beim Kartenspiel, wenn sie uns gewinnen lassen hatte. Nur ein wenig staunend jetzt, als wundere sie sich des Aufhebens, das plötzlich um sie gemacht wurde. Sie hat dieses Lächeln in den Himmel mitgenommen, auch wenn sie Zeit ihres Lebens meinte, der Himmel sei gewiss auch nur den „Großkopferten" vorbehalten, die immer auf den teuren Plätzen saßen.

Der Dominoturm

Viele Jahre bevor sie aus der Welt ging, bereitete die Frau mit dem Kropf uns einen großen Kummer und zugleich eine große Freude. Sie verließ unsere Baracke – das war der Kummer. An ihrer Stelle zog eine Familie mit einem Jungen unseres Alters in ihre Wohnung ein. Das war die Freude. Jetzt war noch ein Bub da, der mit uns durch den Gang tollte, Räuber und Gendarm, Mensch, ärgere dich nicht und Karten spielte. Frau Angela hatte seinen Eltern ihre Barackenwohnung überlassen, war in ein winziges Häuschen umgezogen. In diesem hatten unser neuer Spielgefährte und seine Eltern jahrelang gewohnt. Es war kein richtiges Haus, eher eine geräumige Hundehütte, gerade recht für einen ausgewachsenen Bernhardiner. Es verfügte nur über einen einzigen Raum. Darin hatte die dreiköpfige Familie gehaust, in Enge, Dunkelheit und verbrauchter Luft. Durch das Fensterchen fiel selbst am helllichten Tag nur wenig Licht, tagsüber durfte aus Sparsamkeit keine Lampe brennen. Öffnete man das der Tür gegenüberliegende Fenster, zog es wie in einem Ofenrohr. Der Bub, der lungenkrank war, fing einen Schnupfen, einen Husten, die Grippe ein. Die Barackenwohnung war für die Familie ein sozialer Aufstieg.

Unser neuer Nachbar trug knielange Lederhosen. Die hatte vor ihm schon sein Vater getragen. Er verwies mit Stolz darauf, es sprach für die Güte der Hose. Man sah ihr die langen Dienste schon ein wenig an. Das Leder war abgeschabt, fettfleckig, der ursprüngliche Farbton, rehbraun, nur noch in Spuren sichtbar. Zur Hose gehörte ein Hosenträger. Ein Prachtstück war das. Da man auf ihm weder sitzen noch sich an ihm, wie an der Hose, die schmutzigen Hände abwischen konnte, wirkte er im Vergleich zu dieser wie neu. Er bestand aus zwei Riemchen, die liefen am Rücken übers Kreuz und konnten am Hosenbund eingeknöpfelt werden. Vorne trennte ein breites Lederband die Riemchen. Das Band zeigte in der Mitte einen Gämsenkopf, links und rechts davon Nadelbäume, im Hintergrund ein Gebirge. Das Bild war nicht flach, man konnte es angreifen, den Gämsenkopf, die Berggipfel fühlen. Lief ich dem Nachbarn in den Weg schaute ich nie ihn, immer nur seine Hosenträger an. Er nickte mir zu, fragte: „Möchtest wohl auch so eine schöne Lederhose haben, was? Da musst du halt noch ein Stückel größer werden.“ Seinem Sohn versprach er die Hose. Wenn er groß genug, in sie hineingewachsen sein würde, werde er sie bekommen. Er schwächte sein Versprechen gleich ein wenig ab, „wenn ich dann Arbeit habe und soviel verdiente, dass ich mir ein neue kaufen kann.“

Der neue Nachbar war Pfeifenraucher. Er rauchte meistens kalt. Es reichte bei ihm nur dann und wann zu Tabak. Trotzdem sah man ihn fast nie ohne seine Pfeife. Er hielt sie mit den Zähnen fest und sog daran. Ohne Feuer und Tabak stank sie wenigstens nicht. Die Leute flüsterten bald einander zu, unser Nachbar leide am Veitstanz. Ich glaubte, Veitstanz sei etwas Ähnliches wie Walzer oder Polka. Ich sah ihn aber nie wirklich tanzen. Diese Unterstellung kam durch seine Gewohnheit auf, fortwährend herumzulaufen. Er tat es entweder in seinen vier Wänden oder um unser ganzes Barackenviertel. Nie sah man ihn ruhig dasitzen oder auch nur dastehen und in den Himmel schauen. Er gab sich den Anschein, pausenlos auf der Suche nach einer verlorenen Sache zu sein, die er nicht verloren geben wollte. Der Vater sagte von ihm: „Der Hans ist ein Phantast. Der will nicht glauben, dass es mit der Arbeiterbewegung aus und vorbei ist. Jetzt haben wir den Schuschnigg, aber der ist auch nicht viel besser als der Dollfuß. Und wenn der Hitler kommt, wird alles nur noch schlimmer. Der Hans wird sich noch die Finger ganz verbrennen an der Scheißpolitik."

Eines Tage spürten wir ein großes Ereignis auf uns zukommen. Die Leute liefen mit veränderten Gesichtern umher. Bei den einen waren sie bleich, übernächtig, sorgenvoll. Bei den anderen spürte man neben der Angst auch Schadenfreude heraus. Viele glühten vor Begeisterung, wie ich im Fieber der doppelseitigen Lungenentzündung geglüht hatte. Die Stimmung der Erwachsenen färbte auf uns Kinder ab. Es war häufig von einem Mann namens Hitler die Rede. Dieser Hitler, sagte der Vater, der hat ganz Deutschland auf den Kopf gestellt, die Parteien verboten, alle Leute, die nicht für ihn waren, eingesperrt oder ihnen sonst wie den Mund gestopft. Das stünde auch uns bevor, sagten die Leute mit den bleichen Gesichtern. Die mit der Schadenfreude verlauteten, bei uns seien doch auch längst die Parteien verboten und die Gegner des Systems mundtot gemacht. Die mit den vor Begeisterung roten Gesichtern sagten: „Wartet nur, wenn der ‚Führer' erst einmal auch bei uns das Heft in die Hand nimmt, wird es aufwärts gehen. Schaut nur hinaus, nach Deutschland. Dort werden Wohnungen gebaut, Fabriken, Arbeit gibt's für jeden. Und quer durchs ganze Land entstehen Autobahnen, die sind so breit und schön, dass die Wiener Ringstraße der reinste Dreck dagegen ist. Deshalb hat der ‚Führer'", sie nannten den Hitler wirklich schon „Führer", „das ganze deutsche Volk hinter sich. Ausgenommen die Juden, ein paar Marxisten und eine paar kohlschwarze Kerzelweiber." Unser Nachbar sagte, die Leute jubeln ihm zu, weil sie nur die Autobahn sehen und nicht den Krieg, für den sie gebaut werde, weil sie sich freuen, dass sie Arbeit haben und sich einen „Schas" darum kümmern, dass die Bomben und Granaten, die sie produzieren, eines Tages ihnen selbst auf den Kopf fallen würden. Aber auf unseren Nachbarn hörten immer weniger Leute. In mir war von diesem Hitler ein merkwürdiges Bild entstanden. Er stand auf einer riesigen Tribüne, redete, bis ihm die Kehle heiser war, und das ganze deutsche Volk stand um ihn herum und jubelte ihm zu: Heil Hitler! Heil Hitler! Heil Hitler!

Die Angst unserer Eltern vor diesem Mann übertrug sich auf uns nur flüchtig. Wir spielten sie einfach weg, mit den Spielsachen unseres neuen Freundes. Mit Halma, Dame, Mühle und mit seinen Dominosteinen. Muster an Muster legten wir sie aneinander. Hatten wir das Spiel satt, bauten wir aus den flachen Steinchen Häuser, Burgen, Türme. An einem unvergesslichen Abend war uns ein besonders hoher Turm geglückt. Es war merkwürdig still in der Nachbarwohnung. Sogar der Vater unseres Freundes hatte sich zu seiner Frau an den Rundfunkempfänger gesetzt, sonst hatte sein unruhiger Schritt unsere Türme immer vorzeitig zum Einsturz gebracht. Später kamen auch der Vater und die Mutter herüber. Alle vier steckten ihre Köpfe zusammen, warteten auf die angekündigte Rede des Bundeskanzlers Schuschnigg. Das war sonderbar, sonst hatten sie das Radio immer abgedreht, wenn von Schuschnigg etwas zu hören war.

Ich habe ihn noch im Ohr: eine ferne, erstickte Stimme. Von seiner Rede drangen nur ein paar Wortfetzen zu uns. Wir freuten uns an dem Turm. Dann klang es plötzlich deutlich aus dem Radio: „Ich weiche der Gewalt. Gott schütze Österreich!“

In diesem Augenblick sprang der Nachbar auf und unser Dominoturm fiel um. Er steckte seine Pfeife an und qualmte durchs Zimmer. Auch der Vater war aufgestanden, nur die Mutter und die Nachbarin waren sitzen geblieben und starrten aufs Radio. Sie machten Gesichter, als erwarteten sie, dass da noch irgend etwas nachkomme von diesem Schuschnigg. Als wünschten sie, er möge jetzt, da er abtrat, noch ein Weilchen bleiben.

Kurze Zeit später – die Gulaschkanonen des Bayerischen Hilfszugs hatten ihren uns zugedachten Vorrat an Braunschweigerwürsten verschossen – war der Name Schuschnigg wieder in vieler Munde. Er kam in einem Lied vor, das wir zur Melodie von „Fahr mich in die Ferne, du blonder Matrose“, singen hörten und bald mit den anderen Kindern mitsangen: „In Montevideo, Kurt

Schuschnigg am Strand / ein hässlicher Jude reicht ihm seine Hand / er klagt ihm sein Schicksal, sein Herz ist so schwer / er hat keine Heimat, kein Österreich mehr."

Wir hatten auch keines mehr. Es tat uns – zunächst – nicht sehr Leid darum. Es war für uns gleichbedeutend mit Arbeitslosigkeit, Putsch, Hausdurchsuchung, eingesperrtem Vater und einer Barackenwohnung, durch deren löchriges Dach es bei jedem stärkeren Guss hereinregnete. Dann machte ein weiterer Vers die Runde, in dem noch einmal Schuschnigg vorkam, aber nur mehr mit seinem Vornamen: „Der Kuat is fuat, jetzt geht's uns guat."

Es ging uns tatsächlich – zunächst – bald besser. Der Vater durfte wieder durchgehend in der Fabrik arbeiten, der kleine, runde Gendarm kam nicht mehr zu Hausdurchsuchungen, der saß jetzt als Anhänger der Schuschnig-Regierung dort, wohin er den Vater gebracht hatte: im Arrest. Die Löcher auf den Barackendächern wurden geflickt, und wenn die Mutter uns eine Rahmsuppe kochte, schickte sie mich in die Milchhandlung nicht mehr um ein sechzehntel sondern um ein achtel Liter Rahm.

Einen solchen „Umschwung", wie die Veränderung der Dinge genannt wurde, ließen sich die Menschen gefallen. Auch viele jener Leute, die eben noch von Angst und Misstrauen erfüllt gewesen waren, fanden sich mit der neuen Situation ab. Vielleicht meinte es dieser Hitler tatsächlich gut mit ihnen. Dass ein paar hartnäckige Rote und Schwarze zur Umschulung nach Dachau geschickt wurden, was wog das schon! Gewiss geschah einiges, mit dem man sich nicht anfreunden konnte im Übereifer, in der ersten Begeisterung. Aber ganz so schlimm würde es vielleicht in Dachau gar nicht sein. Man habe die Leute dorthin ja auch nur auf Sommerfrische geschickt, versicherte augenzwinkernd der einstige eiserne Sozi. Seine SA-Hose zog er jetzt gar nicht mehr aus.

Jetzt sind wir Deutsche

Über Nacht waren wir Deutsche geworden. Nicht ganz hochwertige, aber immerhin Ostmärker. Der Führer hatte es verkündet, und was er sagte, galt. Wir Kinder fragten uns, ob wir das irgendwie fühlen könnten, erwarteten insgeheim, etwas wie Erleuchtung werde über uns kommen. Es kam keine. Innerlich blieben wir, wie wir bisher gewesen waren. Es erging uns wie einem Mädchen aus unserer Nähe. Ihre Mutter erzählte diese Geschichte gerne und immer wieder. Als das Mädchen erstmals einen Jahreswechsel wachend miterleben durfte, wartete sie gespannt auf die Glockenschläge zur Mitternacht. „Jetzt ist das neue Jahr angebrochen", sagte der Vater, „Prosit Neujahr." Das Mädchen stand aufmerksam da, blickte herum, an sich herab, aufgeregt und erwartungsvoll. Als nichts weiter geschah, wandte es sich enttäuscht an seine Mutter: „Aber ich spür ja gar nichts vom neuen Jahr."

Ein wenig spürte man es schon, dass wir Deutsche geworden waren. Anders freilich, als viele erwartet hatten. An Kleinigkeiten, etwa beim Grüßen. Der Vater ging in seine Trafik Zigaretten kaufen. Wie stets betrat er den Laden mit einem freundlichen „Guten Morgen, Frau Weininger". Da fuhr ihn Frau Weiniger, deren Namen ich ein bisschen verändert habe, damit sich ihre Nachkommen nicht aufregen müssen, scharf an: „Das heißt jetzt Heil Hitler!" – „Auch gut", sagte der Vater, „Heil Hitler", drehte sich um und verließ den Laden. Als er heimkam, schimpfte er: „Diese blöde Kuh kann ihren Tschik selber rauchen, der kauf ich keinen mehr ab." Lange hielt er sich nicht daran. Der Hitlergruß galt unterdessen auch in den anderen Trafiken, in Gasthäusern, Kaufläden, in der Schule, auf der Straße. Wir gewöhnten uns sehr rasch daran. Nach und nach ersetzte er sogar das vertrauliche Servus zwischen manchen einstigen Freunden.

In der Gemeindestube beim Schulhaus amtierte jetzt ein anderer Bürgermeister als jener, der 1935 dem Bruder einen silbernen Fünfer geschenkt hatte, um den Vater für die Vaterländische Front zu ködern. Der war aus einem anderen Holz geschnitzt als der vormalige. Der hielt dem Vater keine Hand mehr hin, der warb nicht, ungeschickt und halbherzig, um seine Mitarbeit. Der sagte: „Mit uns machst du keine solchen Geschichten wie mit den Schwarzen. Da heißt es entweder oder. Entweder du bist für uns oder du bist gegen uns. Sei gescheit und arbeite mit. Wir brauchen jeden, und du willst doch auch nicht auf immer und ewig in deinem Barackenloch bleiben."

Aus dem Barackenloch wollte der Vater natürlich gerne heraus. Und das Angebot, wenn auch mit einem gewissen Unterton, war schon eine Überlegung wert. Also überlegte er. Es war damals schon von der großen neuen Siedlung die Rede, für die bald der Grundstein gelegt werden sollte. Auf den Plänen sah man zweigeschoßige Häuser mit so genannten Volkswohnungen und Eigenheime mit dazugehörigen Gärten.

Ein eigenes kleines Häuschen spukte dem Vater seit eh und je im Kopf herum. Er war in einer oststeirischen Bauernkeusche aufgewachsen mit Lehmboden in den Räumen, Rauchkuchl, angebautem Kuhstall und Misthaufen vor der Tür. Aber wie schäbig sie auch gewesen war, es war doch etwas Eigenes, daraus konnte einen so leicht niemand hinausjagen. Die Überlegung führte beim Vater zum Entschluss, sich nicht gewaltsam gegen die Nazis zu stellen. Die waren jetzt einmal die Stärkeren. Und überhaupt – hatte denn auch nur irgendjemand auf der Welt seinen Finger für Österreich krumm gemacht, als der Hitler es schnappte? Kein Franzose, kein Engländer und der Mussolini in Italien, auf den der Dollfuß und der Schuschnigg gebaut hatten, schon gar nicht. Der Vater dachte weiter nach und sagte sich, wenn ich bei der Aufstellung der Namenslisten für die Ausgabe der Lebensmittelkarten mithelfe, heißt das noch lange nicht, dass ich mit den Nazis Allianz bin. Und dass ich dem Juden meine letzten Raten an der Hintertür bezahlt habe, werden sie mit der Zeit vergessen …

(Jetzt, nach so vielen Jahren, hätte man gern einen Vater herumgezeigt, der sich nicht duckte, um endlich Ruhe zu haben, um keinen Schlag mehr einstecken zu müssen. Der dazu gestanden wäre, was er vor dem Umschwung oft verlauten ließ: „Hitler bedeutet Krieg."

Wie zum Beispiel jener Mann es sich getraut hatte, den ich kennen lernte, als ich am Notieren meiner Erinnerungen war. Der hatte auch gesagt: „Wenn der Hitler kommt, heißt das Krieg." Dabei blieb er auch, als der Hitler tatsächlich gekommen war. Man stellte ihn vor Gericht, klagte ihn nach dem Heimtückegesetz an. Was er zu seiner Verteidigung vorzubringen habe, fragte ihn der

Richter. Nichts, sagte der Mann. Er trete den Wahrheitsbeweis an. Mittlerweile donnerte der Krieg schon über Europa hin. Diesem Wahrheitsbeweis wurde freilich keine Beweiskraft mehr zugestanden. Das Urteil: fünf Jahre Gefängnis.

Ich zitiere aus einem Brief, den dieser Mann mir schrieb: „Sie wissen ja, dass ich nach Aburteilung nach dem nationalsozialistischen Heimtückegesetz mehr als drei Jahre in Haft verbrachte und dann – obwohl zuerst ‚wehrunwürdig' – in ein Strafregiment kam, wo es keine Beförderung, keine Auszeichnung und keinen Urlaub gab. Mein ‚Festungsregiment' bzw. der Rest davon wurde nach der Torpedierung des Transportschiffes [23 Überlebende von 600] auf die Insel Kos geflogen, wo ich über ein Jahr verbrachte. Infolge Fehlens anderer Kräfte kam ich als Dolmetsch zum Stab und hatte auch die Post zu erledigen. Darunter war ein Brief nach Saloniki an einen Offizier, an den der Vollzug der Deportation der Juden von den Ägäischen Inseln zu melden war. Ich selbst hatte in Begleitung eines ‚wehrwürdigen' Offiziers einen solchen Transport von Kos nach Kalymnos zu begleiten, wo die Bedauernswerten in einem Lager abgeliefert wurden. Da von den ‚Wehrwürdigen' keiner eine fremde Sprache beherrschte, hatte ich die ‚Ehre', den Dolmetsch zu spielen …"

Der Vater hatte sein Heldentum auf dem Eisenpass verbraucht, im Arrest, bei der Schwarzarbeit, im täglichen, zermürbenden Kleinkrieg ums Überleben, in der Sorge um seine Familie. Er war zum Mitläufer geworden, aber wenn er schon mitlief, dann wenigstens um eine Wohnung, in der die Buben sich umdrehen konnten, ohne sich am heißen Ofen den Hintern zu verbrennen.

Den Bruder bewegten ganz andere Probleme. Er fragte sich und mich, ob wir nun, da wir Deutsche waren, auch wie die Deutschen aus dem Altreich zu sprechen anfangen würden. Automatisch sozusagen, vielleicht von einer Nacht auf die andere. Wir strengten uns an, sie nachzuahmen. Die damaligen Modeworte „prima“ und „pfundig“ machten uns keine Schwierigkeiten. Das Wort „Scheiße“, gleich nach dem Anschluss durch die Deutschen bei uns heimisch geworden, flog bei jeder passenden und unpassenden Gelegenheit von Mund zu Mund. So ist es ja noch bis heute geblieben. Ein wenig länger als „fein“ und „klass“ gegen „prima“ wehrte sich unser guter alter Erdapfel gegen die deutsche Kartoffel, die an paradiesische Früchte gemahnenden Paradeiser gegen die nichtssagenden Tomaten; hingegen ist es den Klößen nie gelungen, die Knödel von unserem Tisch zu vertreiben. Was immer wir aber den Deutschen nachplapperten, für ihren flotten, forschen Ton waren unsere ans Barackendeutsch gewöhnten Zungen zu schwerfällig. Und manchmal kam beim Versuch, den Wunsch nach einem Stück Brot in geschraubtes Hochdeutsch zu kleiden, etwas so Läppisches heraus, wie: „Mutter gib mir ein Stück Brat.“ – „Eine Watschen kannst du haben“, sagte die Mutter, „wenn du nicht weißt, wie es heißt.“ Es fiel ihr im Schlaf nicht ein, die „Watschen“ als Maulschelle oder Backpfeife zu tarnen.

Wir bewunderten die Leute, denen der Anschluss keinerlei sprachliche Schwierigkeiten bereitete. Das waren nicht wenige. Sie sagten unerschrocken „nee“ statt „nein“, tauschten das flaue österreichische „Ja“ gegen ein strammes „Jawoll“ und waren auch sonst durch Zackigkeit bemüht, den leisesten Anhauch von ostmärkischer Schlappschwänzigkeit von sich fernzuhalten. Sie benahmen sich mit einem Wort (auch dieses kam damals auf) wie echte „Piefkes“. Eines unserer beliebtesten Spiele – „Bitte, lieber Kaiser, wie viel Schritte darf ich machen?“ – erfuhr durch die Kinder dieser Leute eine bezeichnende Veränderung. Es kam bei diesem Spiel darauf an, durch die Gunst des augenblicklich als Kaiser residierenden Spielers so viele Schritte wie nur möglich zu machen, um selbst den Kaiserplatz einnehmen zu dürfen. Sie brüllten: „Bitte, lieber Führer, wie viel Schritte darf ich machen?“ Es gab auch Kinder, die ohne sich erst anstrengen zu müssen, aus der Schar der Übrigen hervorstachen. Die hießen schon damals, wie bald darauf viele, Adolf, Horst, Hermann. Die Muter unseres Spielgefährten, dessen Vater uns zu Weihnachten 1934 ein Stück vom Fleisch seines frisch geschlachteten Schweins geschenkt hatte, kümmerte sich nicht um das Getue mit den Namen. Ihr ältester Sohn hieß wie der „Führer“ Adolf. Sie rief ihn hartnäckig und starrsinnig Dolfi.

Nur wenige Leute ließen sich von den vielen Anfechtungen, den neuen Herren irgendwelche Gefallen zu erweisen, nicht verlocken. Die meisten erfasste eine Trunkenheit, ein Taumel, wie mich beim Ringelspielfahren.

Wenn ich herabstieg, war mir elend zumute. Aber noch flogen sie ja. Manche gerieten in einen Rausch der Begeisterung, gegen den die schwersten Räusche des Pumpenwärter-Lois harmlose Schwipserl waren. Viele wurden schon schwindlig, sahen sie, wie rasch rund um uns alles sich zum Besseren veränderte. Plötzlich gab es mehr Arbeit als Arbeiter, sie zu bewältigen. Immer mehr Leute strömten in unsere Stadt. Ein mächtiger Menschenmagnet war sie geworden. Bagger wühlten in der Erde, Förderbänder ratterten, Feldbahnlokomotiven pfiffen sich ihren Weg frei, schnaubten mit Loren voll ausgehobenem Erdreich durchs Gelände. Es wurde gegraben, gebohrt, gemauert, gehämmert, verschalt, verputzt. Wohnhäuser schossen in die Höhe, Eisentraversen verkreuzten sich zu starken Stahlgerippen. Die Stahlgerippe verwandelten sich in riesige Werkshallen. Es ging zu, als wäre kurz vor dem Einbruch eines langen, schweren Winters noch alles unter Dach und Fach zu bringen. Rund um uns ging eine Veränderung vor sich, die vielen Leuten den Versand stocken ließ. Das war ein durchaus erwünschter Effekt. Mit einem vor Staunen und Verwunderung stillstehenden Verstand geriet niemand so leicht in Versuchung, sich Gedanken über den eigentlichen Grund für diesen Aufschwung zu machen. Ob nicht etwa doch bald Krieg ausbrechen, der ganze Zauber sich als fauler Zauber erweisen werde? Ich stellte mir den Krieg wie ein blutrünstiges Ungeheuer vor, eine Art metallenen Riesenelefanten, der an den Gittern seines Käfigs reißt und rüttelt, bis ihm endlich der Ausbruch gelingt. Das war kindliches, kindisches

Denken und genauso überflüssig, wie das der Erwachsenen. Der „Führer", so wurde uns von früh bis spät versichert, denke für sein Volk, was er anordne und befehle, geschähe zu unserem Besten, zum Ruhme Großdeutschlands. Niemand brauche sich Sorgen zu machen, die Kriegstreiber auf der Welt würden sich hüten, die Geduld der Deutschen herauszufordern. Im Übrigen solle man, so hieß es damals, wenn etwas geschah, was nicht jedermann logisch und notwenig erschien, das Denken den Pferden überlassen. Die hätten größere Köpfe. Niemand wäre auf die Idee verfallen, den „Führer", der doch für alle dachte, für ein Pferd zu halten.

In der neuen, großen Siedlung standen bereits die ersten Häuser. Der Zufahrtsweg, der bisher zu einer mittlerweile aufgelassenen Meierei geführt hatte, war in eine breite Straße umgewandelt worden. Den Bahnübergang sicherte ein Schrankenwärter, der höllisch aufzupassen hatte, dass der zunehmende Verkehr auf Schiene und Straße keinen weiteren Schaden anrichtete. Einige Zeit vor der Grundsteinlegung war es dort zu einem schrecklichen Unfall gekommen. Der zittrige Herr Feigenbaum war von einem Eisenbahnzug erfasst und gerädert worden.

Der Vater hatte sich um ein Eigenheim in der neuen Siedlung beworben. Als wir wussten, welches das unsere sein würde, liefen wir jeden Tag auf den Bauplatz, um zu sehen, wie es wuchs. Wir konnten seine Fertigstellung kaum erwarten. Endlich war der Dachstuhl gezimmert, ein paar Tage später leuchteten uns schon die roten Ziegel entgegen. Die Fensterstöcke wurden eingemauert, die Wände geweißt, die Türen in die Angeln gehoben. Kaum war der ärgste Bauschutt weggeräumt, konnte der Schlüssel ins Schloss gesteckt werden.

Die Schlüsselübergabe war ein Fest. Fahnen wehten, Musikkapellen spielten flotte Märsche, Kinder sagten Gedichte zum Lob des „Führers" auf. Antreten, Namensaufruf, Händeschütteln, Glückwunsch. Unserem Einzug in ein richtiges Haus stand nichts mehr im Wege. Ade, alte, mürbe Baracke mit deinem finsteren Gang, dem Geruch nach Jute und angerösteter Zwiebel, mit deinem Keller voll von Mäusen und Ratten, mit deinem gemeinschaftlichen Plumpsklo, dessen fette Kreuzspinnen in allen Ecken und Winkeln mir noch heute ein Gruseln den Rücken hinunterjagen. Ade auch, gemeinschaftliche Waschküche, wo die Mutter, wenn sie Waschtag hatte, schon um drei Uhr früh den Kessel anheizen musste, um rechtzeitig vor der nächsten Partei fertig zu sein. Jetzt besaßen wir im Keller eine eigene kleine Waschküche, die Mutter konnte bestimmen, wann sie anheizte und wie lange sie brauchen durfte, bis auf der Blechrumpel im Zuber die verdreckten Arbeitsmonturen des Vaters sauber geschrubbt waren. Dass sie nach wie vor um drei Uhr ihren Waschtag anfing, war Gewohnheit ohne Notwendigkeit.

Wir waren Hausbesitzer. Es gehörte nicht das gesamte kleine Häuschen uns, es war ein Zweifamilienhaus, nebenan zog ein Ehepaar mit fünf Kindern ein, neue Freunde als Ersatz für die im Barackenviertel zurückgebliebenen alten. Unser Hausanteil verfügte nur über wenige Quadratmeter Nutzfläche mehr als die Barackenwohnung, aber die waren geschickt in Wohnküche, Schlafzimmer, Kinderzimmer und Vorraum unterteilt. Dazu gab es im Obergeschoß einen weiteren kleinen Raum, den wir Kabinett nannten, ein größeres Zimmer konnte dort noch ausgebaut werden. Auch ein eigener Dachboden gehörte uns, ein Keller, und uns gehörte auch der Garten hinter dem Haus. Er war erst noch urbar zu machen. Bis zum Beginn des Siedlungsbaues hatten hier mächtige Eichen und Buchen ihr Astwerk in den Himmel gereckt. Durch ein kleines Zäunchen war er gegen die Nachbarn von links und rechts abgetrennt. Es war unser Garten, er musste nicht mit jedermann geteilt werden wie der schmale Wiesenstreifen zwischen den Baracken.

Der Einzug in unser Haus fiel auf den Tag vor einem denkwürdigen Datum in der Geschichte des 20. Jahrhunderts. Es war der 31. August des Jahres 1939. Am nächsten Tag brach der Zweite Weltkrieg aus. Das menschenfressende Monstrum meiner Phantasie hatte seinen Käfig zerbrochen, in Polen wurden „zurückgeschossen".

Niemand war vom Kriegsausbruch überrascht. Mich erfasste nur kurz das Gefühl, die Welt sei auf den Kopf gestellt, als der Vater sich mit einem Verwandten aussöhnte, mit dem er seit langem kein Wort geredet hatte. „Vergessen wir das", sagte der Vater, „keiner weiß, was jetzt auf uns zukommt und wer es am Ende überleben wird." Sie begruben ihren kleinen privaten Streit vor dem großen in der Welt.

Die erste mit dem Kriegsausbruch zusammenhängende Anordnung, die wir in unserem neuen Haus zu befolgen hatten, war die Verdunkelungsvorschrift. Jedes Fenster musste durch Rollos, Papier oder Farbanstrich lichtundurchlässig abgedunkelt werden.

Die verdunkelten Fenster legten keinen Schatten auf unser neues Haus. Es fiel ein anderer darauf. Unserem graubraunen Tigerkater Schnurrli gefiel das wunderschöne Eigenheim nicht. Wir hatten ihm die Übersiedlung auf jede Weise schmackhaft zu machen versucht. Mit einem Stück Braunschweigerwurst hatten wir ihn in eine große Pappendeckelschachtel gelockt. Die Schachtel stellten wir in eine große Kiste, über die Kiste legten wir einen dicken Kotzen. Bevor wir sie auf den Handwagen verluden, mit dem wir den größten Teil unseres Mobiliars ins neue Haus transportierten, drehten wir sie ein paar Mal herum. Schnurrli sollte die Orientierung verlieren, nicht mehr an den alten Ort zurückfinden. Zum Einstand fütterte ihn die Mutter mit einem Stückchen extra für ihn gekaufter Rindsleber. Schnurrli fraß die Leber, leckte sich das Schnäuzchen, putzte sich den Bart und verschwand. Er verschwand, ehe wir ihn hindern konnten. Beim Möbeleinräumen war die Tür offen geblieben, fort war er.

Die Mutter wusste, wo er zu suchen war. Er saß vor der Tür zu unserer Barackenwohnung. Er miaute kurz und vorwurfsvoll. Wir redeten ihm zu wie einem kranken Ross. „Das musst du doch einsehen, dass wir deinetwegen nicht einen Tag länger in dieser schäbigen Baracke bleiben wollen“, sagten wir. Wir streichelten und liebkosten ihn wie sonst nur, wenn er eine Ratte gefangen hatte. Wir steckten ihn wieder in die Schachtel, die Schachtel in die Kiste, stellten die Kiste auf den Wagen, fuhren los. Wir machten einen Umweg, Schnurrlis Zeitsinn sollte getäuscht werden. Er entschlüpfte uns abermals. Wir wiederholten das Transportmanöver ein drittes Mal. Das Ergebnis blieb dasselbe.

Die Mutter bat die Nachfolger in unserer Barackenwohnung, die Katze ein paar Tage zu füttern. Sie werde uns dann vielleicht doch vermissen, freiwillig mitkommen, bei uns bleiben. Die neuen Mieter fütterten Schnurrli, sie ließen ihm seinen Platz in der Holzlage. Drei Tage später – wir trauten unseren Augen nicht – saß er auf dem Hang hinter unserem Garten. Er blickte neugierig zu uns herab. Wir riefen seinen Namen in allen Tönen der Zärtlichkeit. Vorsichtig schlichen der Bruder und ich an ihn heran. Er ließ uns ganz nahe kommen, als wir die Hand ausstreckten, sprang er fort. Er verschwand im Wald. Am nächsten Tag saß er wieder da, spielte dasselbe Spiel wie am Vortag mit uns. Dann blieb er einige Tage weg, tauchte später in größerer Entfernung noch ein paar Mal auf, blieb endgültig verschwunden.

Unerhörtes war geschehen. Wir hatten uns einen Hund angeschafft. „Jetzt haben wir ein Haus“, sagte der Vater, „jetzt brauchen wir auch einen Hund.“ Es gab nicht viel, das des Bewachens wert war, es war aber auch noch gar kein richtiger Hund, was der Vater da heimbrachte. Es war ein schwarzes Wollknäuel, verspielt wie ein Kind, tapsig, überall dabei, wo es nicht sollte. Rolfi knurrte und winselte mit einer Fistelstimme. „Wartet nur ab“, verhieß uns der Vater, „der hat seinen Stammbaum, das ist ein reinrassiger deutscher Schäfer.“ Unter einem solchen hätte es der Vater nicht getan, jetzt, wo alles auf die reine Rasse ankam. Einstweilen war der Hund ein rechter Tollpatsch, Schnurrli hätte ihn nur einmal richtig anfauchen müssen, um ihm für alle Zeit zu zeigen, wer der Herr im Hause war. Aber der Kater verzieh uns den Hund so wenig, wie er uns die Untreue gegenüber unserer alten Wohnung verzieh. Er war eben ein echtes Barackenkind.

Die verschwundenen Kinder

Nachdem unsere Hoffnung gestorben war, Schnurrli dort vielleicht wieder zu entdecken, kamen wir immer seltener in unsere alte Wohngegend. Von einem zum anderen Mal erschien sie uns eine Spur fremder, entfernte sich unserem Auge und unserem Herzen. Der wachsende Abstand machte ihre Schäbigkeit auch für uns sichtbar. Solange wir selbst dort ansässig gewesen waren, hatten wir nicht wahrgenommen, was uns jetzt beschämte. Bald konnten wir kaum fassen, dass wir ein Dutzend Sommer und Winter aus diesem klapprigen, halb blinden Barackenfenster, das einmal das unsere gewesen war, ins Land kommen, aus dem Land gehen sehen hatten.

Gleich uns waren viele einstige Bewohner in neue Wohnungen umgezogen. Nur der Pumpenwärter war noch der alte, und auch mit seinem Sohn war es noch das alte Elend. Bloß dass der Lois sich seinen Schnaps jetzt ums eigene Geld kaufte.

Einige Barackenbewohner, die sich um keine neue Wohnung beworben hatten, wurden einfach „umgesiedelt". Unfreiwillig und in keine besseren Quartiere. Niemand wusste mit Sicherheit, wohin sie gebracht worden waren. Der Name Dachau tauchte, erst nur geflüstert und halb im Scherz gesagt, immer öfter auf. Und mit einem immer deutlicheren warnenden Unterton.

Aus der Nachbarbaracke verschwand jener Mann, dem der Vater vor Jahren geholfen hatte, die von der Mutter geschneiderte Fahne auf dem Hochspannungsmast aufzuhängen. Vorher hatte man ihn und andere als hartnäckige Marxisten bekannte Männer für eine Woche ins „Altreich“ eingeladen, damit sie sahen, wie fein dort alles war. Sie schauten sich an, was man ihnen zeigte, doch war kaum einer von seinen Ideen, von seiner Meinung abzubringen, der ganze Aufschwung sei Blendung und nur auf Krieg abgestimmt. Das sagten sie zwar nicht, doch sie handelten. Sie organisierten heimlich eine Widerstandsgruppe, und eines Tages flatterte neuerlich eine Fahne von einem Hochspannungsmast. Wieder eine rote mit drei weißen Pfeilen in der Mitte, ergänzt durch Hammer und Sichel. Da hatten aber weder die Mutter noch der Vater ihre Hand im Spiel. Als die Gruppe ausgehoben wurde, gab es bei uns nicht einmal eine Hausdurchsuchung; so unverdächtig waren wir geworden.

Auch unser einstiger Nachbar, der Kaltraucher, Veitstänzer und unverbesserliche Rotkopf lief nicht mehr in seinen eigenen vier Wänden oder ums ganze Viertel herum. Er gehörte zu den ersten, die verhaftet wurden. Sein Sohn gelangte dadurch früher, als er je zu träumen gewagt, in den Besitz der väterlichen Erbhose. Nur gefreut hat er sich drüber nicht. Er hätte es auch nicht lange können. Eines Tages wurde auch er abgeholt und weggebracht. Wir täuschten unser kurzes Entsetzen mit der Hoffnung, unser einstiger Spielgefährte, mit dem wir am Abend der Schuschnigg-Rede den hohen Dominoturm gebaut hatten, werde gewiss bald wieder nach Hause kommen. Als er nicht bald wieder nach Hause kam, hörten wir allmählich auf, uns um ihn Sorgen zu machen. Wir redeten uns ein, dort, wo er sich jetzt befand, würde es schon nicht so schlimm sein. Wie sagten die Erwachsenen? Es wird nichts so heiß gegessen wie gekocht. Auf jeden Fall werde man ihn von der Tuberkulose heilen, mit kranken Leuten könne ein Reich, das durch und durch kerngesund war, nichts anfangen. Nicht einmal in einem Erziehungsheim. Darin täuschten wir uns nicht. Unser Spielgefährte wurde ausgeheilt. Als es geschah, hatte das „Tausendjährige Reich" seine ihm von der Geschichte zugemessenen zwölf Jahre freilich längst verbraucht.

Auch andere Kinder verschwanden aus dem Barackenviertel. Einmal kamen wir zurecht, als die Kinder einer Familie aus der unteren Baracke, die so hieß, weil sie die letzte vor dem Bach war, abgeholt wurden. Wir wussten nie Genaueres über diese Kinder. Sie führten ein Schattenleben, wurden von ihren Eltern wie lichtscheue Vögel in der Wohnung versteckt gehalten. Es waren, wie die Leute sagten, „arme Tschapperl". Wir wussten nicht einmal, wie viele es genau waren, ob lauter Buben oder lauter Mädchen oder wie viele von jeder Art. Wir hatten sie nie zu Gesicht bekommen. Als es das erste Mal geschah, war es zugleich das letzte Mal.

Ein Wagen fuhr an der Baracke vor, graugrün gestrichen, dem Rotkreuzauto ähnlich, das manchmal einen Schwerkranken abholte. Eine Krankenschwester mit weiß-blauem Kleid und Schwesternhaube stieg aus, mit ihr ein Mann, vielleicht ein Arzt. Sie gingen in die Baracke, kamen bald wieder heraus, die „armen Tschapperl" in den Armen, eines an der Hand. Es waren drei. Viel sahen wir nicht von ihnen, große Augen, ein wenig blödsinnig blickend, das schon. Aber sie waren ordentlich gekleidet, gekämmt. Warum waren sie nur versteckt worden? Schon saßen sie im Auto, die Tür fiel zu, der Motor wurde angeworfen. Von den Eltern zeigte sich niemand. Nur als der Wagen um die Ecke bog, bewegte sich der Vorhang hinter dem Fenster ihrer Wohnung, kurz und heftig. Ein paar Erwachsene verscheuchten uns: „Was steht ihr da herum? Wollt ihr auch Auto fahren?“ Wir wollten nicht; so groß war unsere Neugier nicht, zu erfahren, warum die Kinder aus der unteren Baracke auf einmal so wichtig geworden waren, dass man sie sogar mit einem Auto abholte.

Aus unseren Augen verschwand auch ein Junge, Rudi mit Namen. Er wohnte mit seinen Eltern in einer Nachbarbaracke. Rudi schleifte beim Gehen ein Bein nach und trenste beim Sprechen wie ein Pferd. Es hieß, seine Eltern, ein Säuferehepaar, hätten ihm schon als Baby Schnaps in die Milchflasche getan, damit er schlief, während sie im Gasthaus zechten. Rudi warf Steine nach uns, wenn wir ihn spotteten, er traf uns aber nie.

Von den Kindern, die nicht so waren wie wir, unterschied sich am auffälligsten ein Mädchen. Es sah wie eine kleine Chinesin aus, so eben, wie wir uns eine kleine Chinesin vorstellten, gesehen hatten wir ja noch keine. Mit ihren Schlitzaugen zwinkerte sie in einem fort. Mitten in ihrem breiten, flachen Gesicht, saß eine winzige Sattelnase. Das Schönste an ihr war ein prächtiger Zopf aus glänzend schwarzen Haaren, er fiel ihr bis auf ihr Hinterteil herab. Sie saß Tag für Tag auf der Bank an der Sonnenseite vor der Wohnbaracke ihrer Eltern. Sie blinzelte, ob die Sonne schien oder der Himmel düster war. Meist lag ein Lächeln auf ihrem Gesicht, und der Wasserkopf, rund wie ein Globus und ohne Hals an den Schultern festgewachsen, wackelte in bisschen. Mit einem Stecken, den sie vorsorglich in der Hand hielt, zeichnete sie irgendwelche Figuren in die Erde. So schwachsinnig, wie wir glaubten, dass sie sei, war sie nicht. Den Stecken hielt sie für uns bereit. Tauchten wir in ihrer Nähe auf, witterte sie uns wie ein Tier, lange ehe sie unser ansichtig wurde. Sie rutschte von ihrer Bank und schwang den Stock. Es half ihr wenig. Wir waren schneller als sie, rissen sie an ihrem Zopf, fuhren mit unseren Händen knapp vor ihrer Nase durch die Luft. Ihre Lider flatterten nur so. Wir ahmten das froschartige Gequake ihre Stimme nach und watschelten entenhaft vor ihr her, wie sie hinter uns nach. Sie tappte tollpatschig und wütend mit Stock und Hand nach ihren Quälgeistern, wie ein Baby nach lästigen Mücken oder Fliegen tappt, die um seinen Kopf summen, die es aber nie erwischt. Hatten wir uns ausgetobt oder waren von einem Erwachsenen fortgejagt worden, ließ sie sich brabbelnd und quakend wieder auf ihren Platz sinken, ritzte weiter Zeichen in die Erde. Die „kleine Chinesin" wurde von ihren Eltern nicht versteckt gehalten, wie es die Kinder der unteren Baracke von den ihren worden waren. Sie liebten ihr Kind so, wie es war. Sie liebten Kinder überhaupt, selbst gegen uns waren sie nachsichtig. Nur wenn wir es zu arg trieben, beschwerten sie sich bei den Eltern. Gerieten sie an die Mutter, nahm sie uns ins Gebet: „Lasst das Mädchen in Frieden. Sie tut euch nichts, sie tut niemandem etwas. Sie ist ein Kind wie ihr, auch wenn sie ein bisschen anders aussieht. Wenn ihr nicht folgt, sperr ich euch zu den Ratten in den Keller." Gerieten sie an den Vater, drohte er uns: „Wenn ihr mir das Mädchen nicht in Ruhe lasst, hau ich euch, dass noch die Nissen auf eueren Schädeln …" und so weiter. Aber das war bei ihm zumeist nur eine leere Drohung.

Die „kleine Chinesin" fehlte uns nur für jene kurze Spanne Zeit, in der wir ihr Verschwinden bedauerten, weil unserem bösen Spiel das Objekt entzogen war. Hin und wieder hörten wir die Erwachsenen über die „armen Tschapperl" reden. Viel war daraus nicht zu erfahren. Meist verlauteten sie bloß, „denen geht es jetzt allen gut, die hätten ja eh nichts gehabt von ihrem Leben. Jedenfalls tut ihnen nun nichts mehr weh." Ich wäre nie auf die Idee gekommen, der „kleinen Chinesin" sei es schlecht gegangen und es hätte ihr etwas anderes weh getan als unsere Bosheit.

Einige Zeit später – die Barackengegend durchstreiften wir nur noch auf dem Weg zum Baden in der Bach-Au – kam noch einmal die Rede auf die verschwundenen Kinder. Eine ältliche Frau, zu der alle Fräulein sagten, da sie keinen Mann hatte, brachte sie darauf. Sie tauchte hin und wieder in unserem neuen Haus auf, um sich, wie von früher gewohnt, vom Vater einen neuen Doppler auf ihre abgetreten Schuhe nageln zu lassen. Ich mochte sie, seit sie mir ein Buch mit den Sagen über den Berggeist Rübezahl geschenkt hatte. Das las ich so oft durch, bis ich jede Einzelne auswendig kannte. „Die armen Tschapperl“, sagte das Fräulein, während sie auf ihre Schuhe wartete und mit den Eltern über die alten Barackenzeiten plauderte, „die sind jetzt bestimmt alle beim lieben Gott im Himmel. Der hat ja seine ärmsten Kinder am liebsten.“ – „Ja, ja“, sagte der Vater und hämmerte auf den Schuh, dass der eiserne Dreifuß, auf dem er steckte, hell klimperte, „der liebe Gott!“ Das Fräulein war als Betschwester verschrien, sie lief jeden Sonntag in die Kirche. Daher nahm auch niemand, was sie sagte, wirklich ernst.

Auch andernorts verschwanden zu dieser Zeit Kinder. Wir wussten nichts davon. Wussten auch die anderen Leute nichts davon oder hüteten sie sich, wenn sie etwas wussten, wie wir, auch nur ein Sterbenswörtchen davon zu verraten?

Ich wusste es von dem Moment an, als ich zufällig ein paar Worte aufschnappte, die zwischen der Mutter und ihrem auf einen kurzen Besuch bei uns weilenden Halbbruder gewechselt wurden. Ich gebe sie wieder, beide daran beteiligten Menschen sind tot. Wäre es nicht so und zum Beispiel der Onkel noch am Leben, blieben die folgenden Seiten ausgespart. Es erleichtert mich, dass ich sie füllen kann.

Wir liebten diesen Onkel, und er liebte uns, die Kinder seiner Halbschwester. Die Mutter besaß neben mehreren echten Geschwistern noch einige weitere, mit welchen sie nur durch Vater oder Mutter blutsverwandt war. Die Großeltern sind vom Verdacht des Luderlebens freizusprechen, es war die Regel unter den Knechten und Mägden jener Zeit, dass sie ledige Kinder zeugten, bis sie endlich genug Geld zum Heiraten aufbrachten. Es war dann nicht immer der Kindsvater oder die Kindsmutter, die zusammenkamen, sei es, weil diese bereits unter der Haube, jener früher verstorben war.

Der Onkel nützte einen Urlaub von der Front, um uns zu sehen. Er trug die schwarze Uniform der Waffen-SS mit dem Totenkopf auf dem Mützenschirm. Ich glaube, wir fühlten uns durch ihn irgendwie beschützt, hofften wenigstens auf seinen Beistand, sollten wir einmal in Schwierigkeiten geraten. Das war nicht von der Hand zu weisen, hauptsächlich der Mutter wegen, die, was sie dachte, meist auch sagte. Ich hörte damals, und ich höre es jetzt noch, wie sie zum Onkel sagte: „Aber um Gottes willen, was haben euch denn die Kinder getan?“ Der Onkel antwortete: „Die Kinder haben uns nichts getan, aber aus einem kleinen Juden wird ein großer Jud.“ Dabei sah er mich an, als wollte er diesen Satz auch mir für alle Zeit einprägen. Ich verstand nicht, was er meinte. Ich verstand auch nicht, warum die Mutter so erschrocken dreinsah. Da es nur um Juden ging, brauchte sie sich doch nicht aufzuregen. Die waren es nicht wert, dass man sich ihretwegen mit dem Onkel zerstritt. Schon in der Volksschule hatten wir eine Lehrerin, die jeden Morgen, wenn sie die lärmende Klasse betrat, in unseren Radau hineinschrillte: „Bei euch geht's zu wie in einer Judenschul'!“ Betrieben wir untereinander unsere Tauschgeschäfte und verstand einer es besonders gut, die anderen hereinzulegen, sagten wir: „Der handelt wie ein Jud“ oder „Fürs Gehabte gibt der Jud nichts her“; auch „Binkeljud“ war ein gebräuchliches Schimpfwort.

Niemand von uns kannte mehr als zwei Juden, und die waren beide Kaufleute, beide keine schlimmeren Groschengeier als die übrigen Händler in der Stadt. Der Vater – und nicht nur er – hielt sie sogar für menschlicher als die „weißen Juden“. „Du Jud“ das war ohne Adverb oder Attribut für sich allein ein Schmähwort. Es sank, ohne dass uns jemals jemand anhielt, darüber nachzudenken, ob es recht sei, was wir gedankenlos nachplapperten, als böse Saat in uns ein. Zu gegebener Zeit brach sie auf, lähmte sogar das Entsetzen darüber, dass der Onkel dabei gewesen war, als in einem polnischen Ort an einem einzigen Tag zweitausend Kinder jüdischer Eltern im Alter von null bis zwei Jahren durch Genickschuss erledigt worden waren!

Die Mutter hatte es von ihrem Halbbruder erfahren – ich kann auf das Wort „Halb“ nicht verzichten, als wüsche es von mir einen Teil des dunklen Flecks ab, den die Zuneigung zu meinem toten Onkel mir auflastet.

Der Onkel ist körperlich unversehrt aus dem Krieg heimgekommen. Bis zu seinem langsamen Ende durch eine qualvolle Krankheit lebte er menschenscheu und zurückgezogen, er nahm keine bessere Arbeit an als die eines Hofaufräumers und Straßenkehrers bei einer Transportfirma. Erst auf Drängen seiner Frau war er endlich zu bewegen, aus der winzigen Einzimmerwohnung in eine bescheidene Eigentumswohnung zu übersiedeln, welche die beiden sparsamen, kinderlosen Leute sich irgendwann in den sechziger Jahren leisteten.

Nach dem Krieg sah ich ihn nur wenige Male. Nie wieder habe ich ihn, dessen Antlitz sich mir erstmals lachend in halbbewusste kindliche Wahrnehmung geritzt hatte, lachen sehen. Damals stand er mit den anderen Brüdern der Mutter hinter der Tür der Barackenwohnung, um den Vater zu überraschen, wenn er von der Arbeit heimkam. Sie überraschten ihn mit einem kräftigen Tusch. Jeder spielte ein Instrument, Knopfharmonika, Klarinette, Gitarre, am schönsten klang der Schellenbaum, eine Messingstange mit Glöckchen und Quasten, der Onkel stieß ihn auf den Boden. Den Vater traf beinahe der Schlag, er glaubte, die Mutter habe die Kredenz umgeworfen. Die vier Brüder waren aus Deutschland gekommen, dort hatten sie auf einem Gutshof gearbeitet, ein wenig mehr dabei verdient als daheim in der armen Oststeier. Der Großvater, selbst Taglöhner und später Oberbauarbeiter bei der Eisenbahn, hatte, wie schwer es ihn angekommen sein mochte, jeden seiner Söhne ein Handwerk erlernen lassen. Zwei waren Maurer, einer Tischler, einer Schuhmacher wie der Vater. Nun war die Ernte auf dem Gutshof in Deutschland in die Scheuer gefahren. Die vier Brüder brachten aus dem Reich Hitlers ein bisschen erspartes Geld und viel Bewunderung mit. Auf zwei von ihnen war der Funke des Nationalsozialismus übergesprungen, der Sozialismus allein versprach ihnen keine Aussicht auf ein besseres Leben mehr. Dem einen hat der Ungeist die Seele umgekehrt, ihn tödlich vergiftet.

(Ich entdecke mich dabei, wie ich den Totenkopf wegschiebe, das Bild der zweitausend umgebrachten Judenkinder wegschiebe, auf Umwege und zu Ausflüchten flüchte, dem Grauen auszuweichen, bei der Lehrerin Zuflucht suche, die „Judenschul'!“ in die Klasse brüllte, bei „Binkeljud“, „Saujud“ und „Fürs Gehabte gibt der Jud nichts her.“ Als wäre damit zu erklären, was nicht zu erklären ist: Männer, die Kinder liebten, brachten, wie die Schergen des Herodes, unschuldige Kinder schuldloser Eltern um.)

Vom festlichen Tusch für den Vater angefangen, liebte ich Mutters Brüder. Wann immer Erinnerung an sie durch meinen Kopf fluschte, war Musik dabei. Seit der unverhofften Begegnung mit Anna W. und den vielen Erinnerungen, die dadurch heraufbeschworen wurden, ist es auch Trauermusik.

Ahnenforschung und Rasse

Aus einem Brief, geschrieben, bald nachdem wir Ostmärker geworden waren:

„Lieber Pepi und Franz! Sende Dir den Taufschein von Sebastian W. und die Zettel, welche uns der Dechant von Kaplitz sandte, das Geburtsdatum stimmt ja ziemlich und auch der Name unserer Urgroßmutter väterlicherseits. Interessant ist es, dass die Mutter von unserem Großvater Helene W. hieß und er selbst eine Walburga W. heiratete, welche unsere Großmuter war, man müsste eigentlich um den Trauschein schreiben, von den Urgroßeltern Sebastian H. und Helene W., nur weiß man kein Datum, die Adresse ist r.k. Pfarramt Rosenthal im Böhmerwald, Bezirk Kaplitz (Ziering ist auch das gleiche, weil uns der gleiche Dechant zurückschrieb). Dieser Sebastian H., wie du aus dem Zettel ersiehst, welcher am 4. X. 1781 geb. und am 1. XII. 1799 getraut ist, kann nicht der Urgroßvater sein, denn sonst könnte unser Großvater nicht unehelich eingetragen sein, denn er wurde doch viel später geboren. Nach Unterhaid schrieben wir auch schon, ist auch nichts. Großvater muss doch zuerst W. geheißen haben, denn der Name seiner Mutter stimmt, da seine Eltern in seinem Trauschein hier in Bruck als Sebastian H. und Helene W. angegeben sind, jetzt hör ich auf damit, ich werd schon vor lauter Ahnen blöd."

Damit könnte man es bewenden lassen. Manche Leute wurden vor lauter Ahnenforschen nicht nur blöd, sie fühlten sich plötzlich ihrer selbst nicht mehr sicher, waren sie bei der Aufstellung ihrer Ahnentafel auf einen verdächtigen Namen gestoßen. Auf einen Namen, der eine verderbliche Beimischung unarischen Blutes befürchten ließ. Sie traten vor den Spiegel – keine blauen Augen! Und die Nase – war sie nicht verdächtig gebogen? Mancher ließ bei solchen Gefahrenzeichen die Ahnenforschung lieber gleich bleiben. Besser keine Staatsanstellung, kein höheres Studium, kein Parteiabzeichen, dafür auch nicht mit einem Schatten auf den Ahnen herumlaufen.

Im Nebenhaus hatten sie ihre Sippschaft rasch beisammen. Stolz zeigte der Mann seinen Ahnenpass her. Lauter einwandfreie Leute, bis auf das Jahr 1800 zurück. Das war kein großes Verdienst, hatten sie doch all die Zeit über nie aus dem Thörlgraben hinausgeheiratet. Nun konnte er seinen Sohn auf die NAPOLA nach Sonthofen in Bayern schicken. In dieser Nationalsozialistischen Politischen Erziehungsanstalt wurden, wie die Frau im Nebenhaus behauptete, die künftigen Führer der ersten Jahrzehnte des „Tausendjährigen Reiches" herangebildet. Der Bub aus dem Nachbarhaus, ein paar Jahre uns im Alter voraus, freute sich riesig. Er glaubte, in Sonthofen sei es mit Mut, Kraft in Armen und Beinen getan. Was diese anbetraf, zeigte er es allen anderen Buben in unserer neuen Umgebung.

„Beim Auf-die-Bäume-Klettern ist er schnell wie ein Aff. Herunten ist er noch schneller. Auf einem dürren Ast hantelt er sich hinaus, es knackt, er schreit ‚jetzt schlägt's dreizehn!', schon liegt er herunten. Wir glauben, jetzt ist er eine Leich. Aber er steht auf, sieht uns an, fragt, ‚tut euch etwas weh?‘, und klettert gleich noch einmal auf den Baum.“ In Sonthofen waren sie überfüllt. So nahmen sie ihn vorläufig zum Reichsarbeitsdienst und anschließend, vorläufig, gleich zur Wehrmacht.

Der Vater sah sich den Ahnenpass genauer an. Wer Beamter, Arzt, Rechtsanwalt oder auch nur Erbhofbauer werden wollte, musste bis auf den 1. Jänner 1800 zurück nachweisen können, dass kein trüber Blutstropfen in den Adern eines Vorfahren dessen sämtliche Nachkommen verhunzte. Unerbittlich schrieben es die Gesetze vor, und so stand es auch im Ahnenpass:

„... es müssen a) die Geburts- (Tauf-) und Heiratsurkunden aller Ahnen vorliegen, die nach dem 1. 1. 1800 geboren sind und außerdem b) noch die Tauf- und Trauungsurkunden der beiden Eltern derjenigen Ahnen, die jeweils (in jedem Ahnenstamme) als erste nach diesem Stichtage geboren sind.“

Wem rauchte da nicht der Kopf! Auch dem Vater rauchte er. Trotzdem hatte er es sich vorgenommen, um einen Ahnenpass vorzusprechen. Einen von uns auf die NAPOLA oder eine andere höhere Schule zu schicken, mit dieser Absicht trug er sich nicht. Vielleicht war es bloße Neugier herauszufinden, ob in unseren Adern ungetrübtes arisches Blut floss, um allenfalls den Ansprüchen der Partei zu genügen.

Pfarrämter wurden angeschrieben, Einwohnermeldeämter aufgesucht, Kreisleitungen, wie die Bezirkshauptmannschaften damals hießen, um Mitarbeit gebeten. Selbst Katasterämter, Schöffen- und Steuerlisten mussten durchforscht werden. Es wurden, um es in einem Bild anschaulich zu machen, die Gräber sämtlicher verwester, vermoderter, zu Staub zerfallener Vorfahren auf- und umgewühlt. Man musste sichergehen, dass nicht irgendwann ein Zigeuner, ein Kerl mit „negerischem“ Blut oder gar ein Jude zu einer Ururgroßmutter ins Bett gestiegen war.

„Mit mir und meiner Familie bin ich aus dem Schneider“, sagte der Vater erleichtert zur Mutter. „So weit wir zurückgeblättert haben, nur Namen mit rein arischen Endungen. Jetzt geht es noch um dich.“

Der Mutter waren die Ahnen egal. Sie erinnerte sich kaum ihrer Großmutter. Von ihr trug sie immerhin den Vornamen und eine goldene Armbanduhr. Die Großmutter der Mutter war in Wien als Volkssängerin aufgetreten, die „lustige Louise“ von Hernals. Bei ihr spießte es sich schon. Sie hatte mehrere Kinder von verschiedenen Vätern zur Welt gebracht. Welche von welchem, war nicht mit letzter Klarheit herauszufinden. Sie hatte nicht genug Zeit, ihre Kinder aufzuziehen, gab sie aufs Land in Pflege. Die Mutter der Mutter war auf diesem Weg in der Gegend von Hartberg gelandet. Es war unmöglich, bei solch schlampigen Verhältnissen die Ahnenlinie der Mutter auch nur bis auf ein halbes Jahrhundert vor ihrer Geburt aufzuspüren. Der Vater kam allein nicht zu Rande damit. Da aber nun die Erhebungen für seinen Ahnenpass schon einmal im Laufen waren, schaltete sich der Bürgermeister hilfreich ein. Dem stockte der Atem, als er unter den Kindsvätern der Urgrossmutter mütterlicherseits auf einen Wolf und noch andere Namen aus der Tierwelt stieß. Er kratzte sich am Kopf, sah den Vater besorgt an. „Ich rate dir, wir hören jetzt auf mit der Ahnenforschung bei deiner Frau. Wer weiß, was da noch alles herauskommt. Bei den Tiernamen bin ich mir nicht ganz sicher. Wenn einer zum Beispiel Löwi heißt, ist er auf jeden Fall ein Jud."

Der Vater blieb ohne Ahnenpass. Er hat es verschmerzt. Später sagte er dann und wann scherzhalber zur Mutter, der ein ausgeprägtes Riechorgan eignete: „Bei deiner Nase bin ich mir bis heute nicht sicher, woher du sie hast."

Die Rassenfrage bereitete uns noch in mehrfacher Weise Kopfzerbrechen. Da war unser reinrassiger deutscher Schäferhund Rolf. Mittlerweile war aus dem verspielten Wollknäuel ein bellfreudiger Rüde und ungestümer Raufbold geworden. Seine Rute trug er brav gesenkt, wie das Rassenmerkmal es vorschrieb. Doch leider stellte er die Ohren nicht so auf, wie es gleichfalls erforderlich war, wollte ein Hund als reinrassig gelten. Zuweilen klappte er sie schändlich um, er sah dann eher wie ein riesiger Dackel und nicht wie ein Schäferhund aus. Der Züchter schob die Schuld auf uns. Wir hätten Rolf in seiner Kindheit aus unangebrachter Zärtlichkeit und Spielerei zu oft an den Ohren gezupft, sie gestreichelt. Jetzt lasse er sie eben hängen, weil wir es nicht mehr taten, seit er groß und bissig geworden war. „Hauptsache, der Hund ist gesund", sagte die Mutter, „die Ohren soll er tragen, wie er will."

Der Vater lernte alsbald, über die hängenden Ohren des deutschen Schäfers hinwegzusehen. Schlimmer traf ihn und uns das Verhängnis mit den reinrassigen Kaninchen, Gattung „Weiße Wiener".

Im zweiten Jahr der großen Siege beschloss der Vater, sich der Kaninchenzucht zuzuwenden. Ein in unserer Nähe wohnender Mann leitete den Kleintierzüchterverein. Die Zucht von Kleintieren war ein wichtiger Beitrag für das Wohlergehen der Volksgemeinschaft. Wer Garten, Stall, ein Stück Wiese besaß, war angehalten, seine Familie teilweise mit Gemüse und Fleisch selbst zu versorgen. Daneben eröffnete die Hasenzucht Aussicht auf Tauschgeschäfte, etwa Kaninchenfleisch gegen Tabak.

Für den Entschluss des Vaters war der Erste Weltkrieg entscheidend. Er hatte in jener Zeit die Erinnerung an Polentabrot mit Sägemehl für sein weiteres Leben in sich hineingefressen. Er wollte uns eine solche Erfahrung ersparen, sollte der Krieg noch länger andauern. Und es sah ja ganz danach aus. Die Lebensmittelrationierung wurde strenger, die Rationen geringer. Wir wurden damals bei Jungvolk und Hitlerjugend auf unser künftiges Heldentum vorbereitet. Bei Heimabenden, Appellen und Lagerfahrten wurden wir mit Begriffen wie Ehre, Treue, Tapferkeit, Führerverehrung und Vaterlandsliebe gemästet. Körperlich blieben wir dabei wie wir immer gewesen waren – krachdürr. Der Vater meinte, Helden brauchten neben schönen Worten auch Fleisch zu essen. Dafür wollte er sorgen. Er erstand beim Kleintierzüchterverein zwei Rammler „Weiße Wiener", deren rassische Unbedenklichkeit – auf die kam es damals, scheint's, selbst bei Kaninchen an – weißes Fell und rote Augen bezeugten. Den Männchen gesellte er einen wohlbestückten Harem „Weiße Wienerinnen" zur Seite. Nach sechs Wochen konnte er in sein Züchterbuch den ersten Wurf eintragen. Dreizehn nackte, rote Würstchen krabbelten im Heu, ihre Augen waren noch zugewachsen. Die würden schon noch früh genug sehen, wozu sie bestimmt waren, meinte die Mutter. Mir graute, stellte ich mir vor, was da im Heu krabbelte, eines Tages als Braten aufgetischt zu bekommen. Genauso gern hätte ich junge Ratten oder Mäuse verspeist.

„Kommt Zeit, kommt Fleisch", mahnte der Vater zu Geduld. Zunächst kam ein zarter Flaum über die nackten Kaninchenkinder, dann öffneten sich ihre Äuglein, sie waren rot, wie sie sein sollten. Es gab nichts Angenehmeres, als die Hände ins seidenweiche Hasennest zu stecken. Jetzt konnte ich mich erst recht nicht mit dem Gedanken anfreunden, wie ein Kannibale über diese zarten Geschöpfe herzufallen. Später habe ich dann doch, ohne zu wissen, was ich tat, zur Vollendung des ihnen zugedachten Schicksals beigetragen. Die Mutter täuschte uns Schwein oder Kalb vor, unser Hunger verbat sich nähere Nachforschung, wir waren zufrieden, dass es auf unserem Tisch häufiger Fleischgerichte gab, als die Abschnitte der Lebensmittelkarten erlaubten.

Die Rammler waren eifrig, die Weibchen gutwillig und gebärfreudig. Die Ställe füllten sich mit jungen Langlöffeln aller Altersstufen. Ein Abgang Richtung

Schlachtbank fiel nicht weiter ins Gewicht, es war wie bei den Soldaten an der Front: Fiel einer, stand schon der Nächste bereit. Der Vater musste seine Stallkonstruktion fortwährend ausbauen. Er war ein findiger Mann. In die Kaninchenställe legte er Lattenroste, durch diese perlte die Hasennotdurft auf den Betonboden darunter. Von dort war der Mist leicht herauszuräumen. Diese Arbeit war neben dem täglichen Futtergrassicheln dem Bruder und mir zugeteilt. Wir sträubten uns gegen die Drecksarbeit, es half uns gar nichts. „Ein WC werd' ich den Hasen bauen", schimpfte der Vater, „weil ihr zum Stallputzen zu faul seid. Dann dressieren wir sie noch, dass sie auch schön darauf gehen, wenn sie kacken müssen."

All der aufgewendeten Sorgfalt zum Hohn, war der Züchterlaufbahn des Vaters kein anhaltender Erfolg vergönnt. Die Kaninchen bewiesen, Rasse hin, Rasse her, wenig Widerstand gegen die Fährnisse des Lebens. Wir bekamen eine böse Seuche in den Stall. Die Krankheit zeigte sich zuerst an ihren heißen Löffeln. Bald hingen sie den Häschen wie welke Salatblätter vom Kopf. Nach drei Tagen verendeten sie. Am Anfang bastelte ich jedem Verstorbenen einen Sarg aus Pappkarton. Den versenkte ich bedächtig und ergriffen in die Erde unseres Gemüsegartens. Die Mutter zog oben drüber Endivien, Kohl, Petersilie. Die Seuche griff um sich wie der Krieg. Ich kam mit dem Eingraben gar nicht mehr nach, schaufelte sie in Massengräber. Massengräber gab es längst auch an den Fronten, in den zerbombten Städten, an Orten, von denen wir damals nichts wussten. Wir sangen: „Der Mozart liegt im Massengrab“, es klang flott, der Tod in Gemeinschaft verbreitete keinen Schrecken. Solang er nur Kaninchen und Menschen, fern von uns, traf! Es ging eine merkwürdige Faszination von ihm aus. Ich fühlte dumpf, zu irgendetwas müsse all das Sterben doch gut sein.

Im nächsten Frühjahr legte die Mutter angekeimte Erdäpfel im Garten aus. Sie meinte, die Hasenkadaver gäben einen guten Dünger ab, so wären sie wenigstens zu etwas nütze. Ich erwartete insgeheim, eines Tages würden zwischen dem Erdäpfelkraut ein paar Hasenlöffel hervorsprießen. Aber außer Kartoffeln wuchs nichts.

Die Kaninchenseuche war für unseren teilweise auf Selbstversorgung angewiesenen Haushalt eine Katastrophe. Nicht nur das Fleisch fehlte uns, die Tauschgeschäfte kamen zum Erliegen. Am Höhepunkt der Hasenzucht tauschten wir Fleisch gegen Brotmarken, gegen Bezugsscheinc für Textilien, gegen Zigaretten, gegen jederlei Gut, das unsere näheren und ferneren Nachbarn für Fleisch gern entbehrten und wir brauchten. Damit war es jetzt zu Ende. Es half dem Vater nichts, wenn er, hatte er seine Zigaretten aufgeraucht, zum Stall lief und wütend die Fäuste schüttelte. Die ohrenhängerisch herumhockenden Karnickel kümmerte es nicht, sie starben einfach dahin, ungerührt, in welche Not ihr Tod uns versetzte. Vielleicht hätte der Vater es mit einer anderen Rasse versuchen sollen, nicht ausgerechnet mit „Weißen Wienern“!

Mehr Glück war uns mit den Ziegen gegönnt. Der Stall stand nun einmal da. Auf den gepachteten Futterwiesen sprossen üppig Gras und Klee. Ziegenmilch war nicht zu verachten, man gewöhnte sich bald an ihren Geschmack. Sie diente auch der Wiederbelebung der Tauschgeschäfte. Der Vater sagte: „Die Geißen sind nicht so zimperlich wie die Hasen. Und das Fleisch der jungen Kitze schmeckt auf jeden Fall besser." Zuweilen hatten wir drei Milchziegen im Stall stehen, dazu vier, fünf Zicklein. Der Vater hatte die Muttertiere bei Keuschlern außerhalb der Stadt erworben. Der Bruder und ich wurden beauftragt, sie heimzuholen. Eine der Ziegen, sie hat es später als unsere zuverlässigste Milchlieferantin zu großen Verdiensten um uns gebracht, hatte er bei einem Bäuerchen in einem abgelegenen Talgraben für ein paar neue Stiefel und einige zusätzliche Schuhdoppler erworben. Der Bruder und ich wurden mit dem kleinen Handwagen, der uns schon bei der Übersiedlung aus der Barackenwohnung gedient hatte, um die Ziege ausgeschickt. Man könne dem Tier den stundenlangen Fußmarsch nicht zumuten, sagte der Vater. Uns schon. Es war ein weiter, schandvoller Weg. Wir genierten uns vor den Leuten, die verwundert auf die beiden Buben blickten. Dachten sie, wir wären von daheim ausgerissen und hätten vergessen, unsere Siebensachen mitzunehmen? Oder hielten sie uns für Verschworene von Räubern, die versteckte Beute abholten?

Endlich langten wir bei der armseligen Bauernkeusche an. „Das ist sie, meine Hetti", sagte der Keuschler und führte die Ziege aus dem Stall. „Schaut gut auf sie, ich geb sie gar nicht gern her. Aber euer Vater hat mir ein paar ordentliche Stiefel dafür gemacht, die brauch ich auf meinen feuchten Wiesen.“ Hetti tat ein paar Meckerer, sie wunderte sich, zu so ungewohnter Stunde aus dem Stall geführt zu werden. Es war eine beleibte, weißfellige Ziege mit ein paar verstreuten schwarzen Mustern auf Kopf und Läufen. An der Unterseite ihres Halses baumelten zwei zigarettenlange, behaarte Hautstummelchen, es sah aus, als hätten ihr dort noch ein paar Zitzen wachsen wollen.

„Da sind schon ein paar Kitze drin“, deutete der Mann auf den Bauch der Ziege, „die Hetti ist nämlich trächtig.“ Mit seiner Hilfe luden wir Hetti auf den Handwagen, er band sie zur Sicherheit mit einem leichten Strick am ledernen Glockenband um ihren Hals fest. „Damit sie euch unterwegs nicht vom Wagen springt“, sagte er. Dann tätschelt er „seiner“ Hetti, die ab jetzt die unsere war, noch einmal den Hals. Wir zogen an, und fort ging's mit der Geiß. Hetti dachte nicht daran, vom Wagen zu springen und den Marsch zu Fuß fortzusetzen. Es schien ihr auf dem Wagen recht gut zu gefallen. Sie beschaute die Gegend, und wenn wir zu kurzer Rast verschnauften, blickte sie uns frech und schadenfroh an. Als wollte sie sagen: Geschieht euch schon recht, warum habt ihr mich weggeführt aus meinem Stall, von meinen saftigen Wiesen. Sie trug uns die „Entführung“ später nie mit geißischer Bosheit nach; es fehlte ihr bei uns auch an nichts.

Hettis erstes Kind war ein braunes Springingerl. Schon früh stießen ihm erste Ansätze von Hörnern aus dem Schädelknochen. Wenn wir es ins Freie ließen, sprang es über die niedrigen Zäune zu den Nachbarn oder hinter dem Garten in den Wald hinauf. „Man könnte glauben, ein Gamsbock sei sein Vater“, sagte der Vater.

Mit Hetti habe ich mich rasch angefreundet. Ich lernte bald, sie zu melken, sie half mir durch geduldiges Stillhalten. Zuweilen gab sie mehr als drei Liter Milch ab. Wir konnten gar nicht alle wegtrinken. Die Mutter bereitete Topfen daraus und verkaufte einen Teil der Milch. Der Tauschhandel kam langsam wieder in Gang.

Der Bruder und ich führten Hetti, war es an der Zeit, sie decken zu lassen, zu einem Ziegenbock jenseits des Baches. Der Bock stank entsetzlich, und das Entsetzlichste war: Sein Gestank übertrug sich auf uns. Er haftete an den Kleidern, wir scheuten uns zwei Tage lang, unter die Leute zu gehen.

Die Ziegen milderten für uns manche Einschränkungen in der Milch- und Fleischversorgung. Sie waren gesund, kräftig, gebärfreudig. Keine war eine so genannte Rasseziege. Von den Rassen hatte der Vater allmählich die Nase voll. Und dass Rolfi seine Ohren immer öfter hängen ließ, war ihm unterdessen so gleichgültig geworden, wie es der Mutter von allem Anfang an gewesen war.

„Auf dem Berg Isel ...“

Mit Sack und Pack stand eines Tages Frau Mimi vor der Tür. Sack und Pack befanden sich einstweilen noch auf dem Möbelwagen vor unserem Haus, warteten aufs Abgeladenwerden.

„Das werden wir gleich haben“, sagte der Vater und versteckte seinen Schrecken über die unerwartet große Fuhre vor der Mutter. Die war nicht zu täuschen. „Du lieber Himmel, wo sollen wir denn das ganze Zeug unterbringen?“ Sie war entsetzt. „Es ist ja nur für ein paar Tage“, beruhigte sie der Vater, „bis für Frau Mimi eine dauernde Bleibe gefunden ist.“

Frau Mimi kam aus Südtirol. Sie war unter jenen zweihunderttausend deutschen Südtirolern, denen der „Führer“ das Reich als neue Heimat angeboten hatte. Von Bozen bis Trient war ihnen unter Mussolini das Leben zur Hölle gemacht worden. Hitler vermied es, deswegen mit dem „Duce“, so nannten die Italiener ihren „Führer“, Streit anzufangen. „Den braucht er zum Kriegführen“, sagte der Vater. „Die zwei haben sich zusammengetan, ein Umsiedlungsabkommen geschlossen, und jetzt haben wir die Frau Mimi auf dem Hals.“ Wer von den Südtirolern wollte, konnte deutscher Staatsbürger werden.

Frau Mimi hatte es gewollt. Ob sie es noch immer wollte, als sie an unserer Türe stand, war nicht sicher. Mit den „Walschen“ wollte sie freilich nie wieder zu tun haben. Daran hielt sie fest, von Italien und den Italienern hatte sie für alle Zeit genug. Was man ihr nebenbei alles versprochen hatte, um sie zur Aufgabe ihrer Heimat zu bewegen, war nie klar aus ihr herauszubekommen. Etwas in der Art unseres kleinen Häuschens dürfte es schon gewesen sein. Wir lasen ihr die Erwartung vom Gesicht ab – und die Enttäuschung! Erst lachte sie verlegen und hielt es für einen Scherz, als der Vater ihr verständlich zu machen suchte, dass auch wir in dem Häuschen wohnen bleiben würden. Sie lächelte auch noch, als der Vater ihr erklärte, wir hätten mehr als elf Jahre in einer Barackenwohnung unter löcherigem Dach gehaust und dächten nicht daran, aus unserem Haus freiwillig wieder auszuziehen. Wir waren glücklich, dass wir drinnen waren. Aber wir wollten sie, wie er dem Bürgermeister versprochen hatte, gern für einige Tage bei uns aufnehmen.

Endlich begriff Frau Mimi, dass es dem Vater und uns und sogar dem Hund, der den Eindringling böse anknurrte, bitter ernst war. Die Stirn unter ihrem leicht angegrauten, von einem Mittelscheitel streng geteilten schwarzen Haar legte sich in schwere Falten. Sie blickte desperat in den Himmel und stieß einen seltsamen Spruch hervor. Auch später hörte ich sie ihn stets sagen, wenn sie vor Überraschung baff war: „Aufm Berg Isel, da wachst ein Spinat, wo die Fetz-Liesl den Kochl auslaaht!“

Wir brachten nie in Erfahrung, welche Bedeutung einem Geschöpf namens Fetz-Liesl im Südtiroler Sprichwörterschatz zukam, aber soviel war sicher: Frau Mimi bekundete damit ihren Zustand äußerster Verwirrung.

Den Vater brachte so leicht nichts aus der Fassung, auch die Mutter fand die ihre bald wieder. „Es dauert ja nur ein paar Tage“, sprach der Vater allen von der Einquartierung Betroffenen Trost zu, „dann wird für Frau Mimi bestimmt eine dauerhafte Bleibe gefunden sein. Und jetzt packt alle an, damit wir mit dem Abladen und Einräumen fertig sind, bevor es finster wird.“

Das elterliche Schlafzimmer erwies sich aufs bloße Hinschauen als viel zu klein für das Übersiedlungsgut der Frau aus Südtirol. Daher wurde zunächst das Mobiliar der Eltern hinausgeräumt, teils in der Küche, teils im Keller, teils im Stall bei den Kaninchen verstaut. „Es ist ja nur für kurze Zeit“, wiederholte der Vater vertrauensvoll, „schlimmstenfalls für einige Wochen.“ Es war für einige Monate.

Während des Abladens und Einräumens lief Frau Mimi, ihr Handtäschchen unter dem Arm, aufgeregt zwischen dem Möbelwagen und dem Schlafzimmer der Eltern hin und her. Sie überwachte ängstlich, dass an ihrem Hab und Gut kein Schaden angerichtet wurde. Endlich war alles untergebracht. Frau Mimis Sachen füllten das Zimmerchen bis an die Decke, es war vollgestopft, vom Fenster blieb nur eine Oberlichte zum Lüften zugänglich. Inmitten der Schränke, Koffer, Binkeln und Packeln wurde für sie ein Lager aufgeschlagen. Der Vater und die Mutter mussten mit dem Lotterbett in der Küche vorlieb nehmen. Wir waren, wie es vom Zusammengehörigkeitssinn der Volksgemeinschaft in Notfällen erwartet wurde, eng zusammengerückt. „Wenn man nur will“, sagte der Vater, „ist immer noch für einen Platz.“ Die Mutter beruhigte er mit dem Hinweis auf die Leute in der anderen

Hälfte unseres Häuschens. „Die haben einen Schüppel Kinder und finden auch ihr Auslangen." Die Mutter murrte. „Kinder ja, aber keinen solchen Haufen Kramuri wie die Frau Mimi. Die Hälfte ihres Zeugs hätte sie ruhig den Italienern lassen können, wenn sie ihnen schon gern einen Hund antun hätte wollen." Sie nannte unsere neue Mitbewohnerin bereits beim Vornamen, ein Zeichen, dass sie sich mit der Lage abzufinden begann.

Mir gefiel Frau Mimi. Ich hatte es gern, wenn das Haus voll von Leuten war. Wir konnten uns dann beim Schundheftelesen besser der elterlichen Aufmerksamkeit entziehen. Frau Mimi war in gewissen Dingen eigensinnig, ließ etwa ihren Regenschirm nie aus der Hand, verlegte ihn trotzdem und hielt ihn für gestohlen. Den Vater ausgenommen, der auch ihre Schuhe flickte, hielt sie von Männern nichts. Sie hatte nie einen besessen, wollte nie einen haben. Es schmeckte ihr auch nicht alles, was die Muter auf den Tisch brachte. Über unsere Germknödel lachte sie nur. Zu Hause, in Südtirol, hatte alles viel besser geschmeckt! Das verstand die Mutter. „Daheim, da isst halt jeder auch mit den Augen mit, was er von klein auf kennt." Mit der vertrauten Umgebung war es für Frau Mimi vorbei. Im Ersten Weltkrieg war Südtirol an Italien verloren gegangen. Im Zweiten hatten es die Südtiroler auch persönlich verloren.

Frau Mimi tat mir Leid. Es war schlimm, sich vorzustellen, wir müssten eines Tages auf und davon aus unserem Haus, aus unserem Ort. Sie besaß auch keine Eltern mehr. Ihre Geschwister, wenn sie welche hatte, mussten sich weit in der Welt verlaufen haben. Von keinem wusste sie, wo er sich aufhielt. Rolf hörte endlich auf, sie anzuknurren, wenn sie an ihm vorbeischlich. Allmählich fühlte sie sich bei uns gelitten. Nicht daheim, aber doch geborgen. Um ihre Südtiroler Berge weinte sie heimliche Tränen. Ich entdeckte sie manchmal, den Blick in die Ferne gerichtet. Leise kam es über ihre Lippen: „Aufm Berg Isel, da wachst ein Spinat …“

Nach einigen Monaten war die endgültige Bleibe für Frau Mimi gefunden. In einem Ort im Hochschwab-Gebiet. Dort wurden auch andere ihrer Landsleute angesiedelt. Bewaldete Berge, kahle Gipfel, schroffe Grate vor Augen, sollten sie sich rasch an die neue Heimat gewöhnen. Die Eltern durften in ihr Schlafzimmer zurückkehren, in der Küche war endlich wieder Platz für die Schusterwerkstätte. Zeitweilig hatte der Vater im Keller arbeiten müssen.

Mit den Einquartierungen ging es bei uns weiter. Den ganzen Krieg über und mit kurzer Unterbrechung auch noch Jahre danach teilten wir unser Dach fortwährend mit Untermietern. Die beiden Zimmerchen im Obergeschoss sahen wir von innen nur, wenn die jeweiligen Mieter zur Arbeit außer Haus weilten und die Mutter beim Saubermachen uns das Schmutzaufkehren zuwies. Sie kam aus dem Putzen, Waschen, Kochen für uns und die fremden Leute nicht mehr heraus. Ihren Protest erstickte der Vater im Aufkeimen. Wie sollte er sonst das Geld für die Rückzahlung des Kredits aufbringen? Die Untermieter halfen ihm auch, das quälende Gefühl loszuwerden, er schulde der Volksgemeinschaft für unser Häuschen etwas, das mit Geld nicht abzuzahlen war. Einen Dank, der dauernde Bereitschaft zum Dienst an „Führer, Volk und Vaterland" verlangte. Wir rückten zusammen, schafften dringend benötigten Raum für Arbeiter, die der Menschenmagnet Rüstungsfabrik anzog. Unsere Untermieter wechselten ständig. Ihre Verweildauer hing in den meisten Fällen vom Einberufungsbefehl ab. Kaum war einer, der zum Kämpfen tauglich war und an der Front gebraucht wurde, in der Fabrik entbehrlich geworden, weil ein Gefangener oder ein Fremdarbeiter ihn an seinem Arbeitsplatz ersetzt hatte, flatterte ihm der gefürchtete Brief mit dem Einrückungsbefehl ins Haus.

Nur im Falle eines aus der Tschechoslowakei stammenden Untermieters verhielt es sich anders. Wie es sich mit ihm genau verhielt, erfuhren wir nie. Er wohnte etwas über ein halbes Jahr bei uns, war dann über Nacht spurlos verschwunden. Er brachte sich auch später durch kein Lebenszeichen je wieder in Erinnerung. Der Vater trug über ihn widersprüchliche Gerüchte nach Hause. Einmal hieß es, unser tschechischer Untermieter sei in Wahrheit ein verkappter Offizier der Widerstandsbewegung seines Landes gewesen. Er sei von der Gestapo an seinem Arbeitsplatz in der Fabrik verhaftet worden. Dann wieder, er sei selber ein Gestapo-Spitzel gewesen und an einen anderen Einsatzort abgezogen worden. „Denk nach, worüber du zu ihm geschimpft hast", forderte der Vater die Mutter besorgt auf. „Jeden Tag über etwas anderes", sagte die Mutter. „Hoffentlich hast du ihn nicht auch noch den

‚Engländer' abhören lassen." – „Hab ich auch", gestand die Mutter. „Dann können wir einpacken, wenn der auspackt", sagte der Vater.

Der „Engländer" war ein feindlicher Nachrichtensender. Wollte man wissen, wie es mit dem Krieg wirklich stand, erfuhr man es bei den für Deutschland bestimmten Nachrichtensendungen der BBC. Als Kennmelodie pochten die ersten Takte von Beethovens Schicksalssymphonie aus dem ganz leise eingestellten Kasten. Bam-bam-bam-bum, bam-bam-bam-bum. Das Abhören von Feindsendern war mit schwersten Strafen bedroht. Nun hatte unsere unvorsichtige Mutter den tschechischen Untermieter den „Engländer" hören lassen. Die Angst vor den Folgen hielt uns monatelang in Atem.

Die Habseligkeiten des undurchschaubaren Menschen aus der Tschechoslowakei wurden von einigen harmlos aussehenden Männern abgeholt. Kaum war das Zimmer frei, richtete sich schon der nächste Untermieter darin wohnlich ein. Rolf hatte es längst aufgegeben, jeden einzelnen erst eine Weile anzuknurren und zu beschnuppern, mancher war weg, bevor der Hund seine Witterung richtig aufgenommen hatte. In einem schmerzreichen Abschnitt seines Hundelebens hätte er es gar nicht vermocht, sein Wächteramt auszuüben. Ein schlimmer Unfall stieß ihm zu. Rolf hatte die Unart, der Mutter überallhin nachzulaufen. War ihr seine Begleitung unerwünscht, kettete sie ihn an einen Pflock im Garten. Wie es ihm gelang, sein enges Halsband abzustreifen, blieb sein Geheimnis. Er sprang über den Zaun und lief der Mutter nach. Auf dem

Weg zum Kaufmann musste er jenen Bahnübergang überqueren, auf dem vor Jahren der zittrige Herr Feigenbaum in den Zug gelaufen war. Auch der Hund geriet unter einen Zug. Die ganze lange Schnellzugsgarnitur donnerte über ihn hinweg. Als der Zug drüber war, stand der Hund auf. Die Räder hatten ihn verschont, vom Lokgestänge war er übel zugerichtet worden. Blutend torkelte er nach Hause. Er fiel hin, es schien aus mit ihm. Wir liefen um den Tierarzt.

„Sieht bös aus, aber wir probieren es. Die Blase scheint heil, vielleicht bringen wir ihn durch."

Es gelang. Er flickte Rolf wieder halbwegs zu einem Hund zusammen. Der Vater, der Bruder und ich mussten mithelfen. Mit allen Kräften hatten wir Rolf während der Operation niederzuhalten. Der Tierarzt hatte gesagt: „Wenn ich ihm soviel Betäubungsmittel gebe, dass er keinen Schmerz verspürt, schläft er ein und wacht nicht mehr auf." Eines von Rolfs Ohren war abgetrennt, das andere eingerissen. In seinem Nacken klaffte eine tiefe Wunde, die Rute war gebrochen. Drei Wochen verschmähte er die besten Bissen, schlappte nur hin und wieder etwas Wasser, später Milch. Er lag auf einer weichen Decke über Streu, gönnte keinem von uns einen Blick. Es dauerte lang, bis er uns vergab. Endlich fing er mühsam zu humpeln an. Man hätte ihn nach einiger Zeit wieder für einen reinrassigen deutschen Schäfer ausgeben können, nur eben für einen durch schweren Unfall gezeichneten. Es bestand kein Grund zur Sorge, er würde jemals, seine Rasse vergessend, die Rute heben. Vom verbliebenen Ohr fehlte jener Teil, um den es, nach des Vaters Worten „eh nicht schad war“. Der umklappbare.

Wir liebten Rolf, wie immer er aussah. Mehr als zuvor! Mit seinen siebzehn Jahren brachte er es auf ein stolzes Hundealter. Selbst als er steifbeinig geworden war, überquerte er Bahngeleise nur im Laufschritt und mit Angst im Blick.

Kleiner Erpresser im „Altreich“

Mit zwölf Jahren war ich so mager, dass ich mich, nach den Worten des Vaters, zweimal in die Sonne stellen musste, um einen Schatten zu werfen. Auch mit dem Bruder verhielt es sich ähnlich; so wurden wir auf Erholung geschickt. Er auf den Hühnerberg bei Graz, ich gleich ans andere Ende von Deutschland. An die Ostsee.

Die Frau von nebenan sagte: „Du bist ein Glückskind, du darfst ins Altreich. Da werden dir die Augen aufgehen, wie wunderbar dort alles ist.“ Sie hatte zwar selbst das „Altreich“ noch nicht besucht, doch war die ältere Tochter dort gewesen, als Pflichtjahrmädchen im Schwarzwald. Nach der Rückkehr des Mädchens erlitt die mütterliche Begeisterung vorübergehend einen Dämpfer. Der verflog jedoch, als die Tochter, dann später schon eine junge Frau, wieder fortging, diesmal als Rotkreuz-Helferin in ein Frontlazarett.

„Da haben wir sie ins Altreich geschickt, damit sie etwas Gescheites in den Kopf kriegt, und dann kommt das blöde Mentsch als Betschwester zurück!“, entrüstete sich die Frau. Der Schwarzwald schien ihr seither nicht jenes echte, wahre Deutschland zu sein, in dem die Pfaffen ein für allemal niemandem mehr den Kopf verdrehen konnten. „Aber“ – so die Frau – „da wird der Adolf schon noch einmal dreinfahren und aufräumen, damit dort nur der Wald schwarz ist und nicht auch die Menschen.“

Vom „Führer“ redete sie häufig als „der Adolf“, ihre Schwärmerei für ihn schwappte über in grenzenlose Verzückung. Sie hatte etwas gegen das Beten, aber ihn betete sie an. Sie war am 3. April 1938 mit vielen anderen seiner glühenden Anhänger in einem Sonderzug extra nach Graz gefahren, um seiner Rede in der menschenüberfüllten Waggonfabrikshalle zu lauschen. So wie früher gewisse Leute, die es sich leisten konnten, eigens nach Graz gefahren waren, um den „Neger“ in dem großen Kaufhaus anzustarren.

Mir konnte nicht zustoßen, was ihrer Tochter im Schwarzwald widerfahren war, ich fuhr ja an die Ostsee. Trotzdem flüsterte mir die Frau von nebenan vor der großen Reise noch eine Warnung zu. „Mach ja bei keinem Unsinn mit. Du weißt, das ist schon einigen Buben mit langen Fingern passiert: herunter mit den Haaren, vierundzwanzig auf den nackten Hintern und dann per Schub nach Hause.“ Ich erinnerte mich an jene Frau, die man, kurz nach dem Einmarsch der Deutschen, mit kahl geschorenem Kopf und einer Tafel um den Hals durch die Stadt getrieben hatte. Ich schwor mir: Wenn jemals wieder eine Glatze, dann nur, wie früher jeden Sommer üblich, eine solche von Mutters Hand. Die schor uns jährlich zu Beginn der Sommerferien den Kopf kahl. Das sei, so glaubten sie und viele Leute, dem späteren Wachstum der Haare förderlich.

Trotz meines festen Vorsatzes, ja bei keinem Unsinn oder etwas Verbotenem mitzumachen, überschattete tödliche Angst, auch zu jenen zu gehören, denen zwangsweise die Haare abgeschnitten wurden, meine Tage an der Ostsee …

Es war meine erste längere Eisenbahnfahrt. Bisher war ich nur mit der Schnackerlbahn in den Thörlgraben gefahren. Dort verbrachten die Mutter, der Bruder und ich auf einer stillen Alm regelmäßig einige Wochen während der Sommerferien. Der Vater kam für eine Urlaubswoche nach. Jetzt dampfte ich in einem richtigen, großen Schnellzug durch die halbe Ostmark, quer durch die Tschechoslowakei und dann, zwischen Oder und Spree, in die Reichshauptstadt. Mitten in der Nacht rollten wir im Anhalter Bahnhof ein. Das halbe deutsche Volk schien sich hier zu drängen. Wir glotzten wie verschreckte Kälber, die, auf einer Alm geboren, erstmals ins Tal und unter Menschen gerieten. Welch atemloses Hin- und Hergerenne unzähliger Männer, Frauen, Kinder in Zivilkleidern, in den verschiedensten Uniformen. Als wir zum Umsteigen ausstiegen, fiel mir vor Aufregung der Koffer auf den Bahnsteig und platzte auf. Die Mutter hatte mir, in ihrer Angst, ich könnte noch im April erfrieren, zuviel warme Wäsche und Kleider hineingepackt: Das Schloss sprang auf. Ich stopfte, was ich unter den Füssen der Passanten zusammenraffte, wieder zurück hinein und lief der Bubenschar ins Restaurant nach. Dort wartete, zu unserer Stärkung vor der Weiterfahrt, ein deutsches Stammgericht auf die Hungrigen. Stammgerichte gab es den ganzen Krieg hindurch ohne Lebensmittelmarken, sie bestanden aus Gemüse und Kartoffeln, es war kein Fleisch dabei. Auf unseren Tellern dampfte Sauerkraut mit Kartoffeln, das „deutsche" daran war der gebratene Apfel. Mit seinen Runzeln und Falten sah er so ratlos drein wie wir über diese ungewohnte Zutat zum Kraut. Nach der Stärkung eilten wir treppauf, treppab, durch Unterführungen, über Brücken, fuhren ein Stück mit der Untergrundbahn und landeten endlich im Zug nach Mecklenburg. Ich hatte meine erste Bewährungsprobe auf Reisen mit einem widerspenstigen Gepäcksstück bestanden. Den lädierten Koffer, so gut es die Länge meiner Arme erlaubte, an mich gedrückt, blieb ich der hastenden Bubenschar auf den Fersen. Im Morgengrauen hieß es plötzlich noch einmal umsteigen. Verschlafen kletterten wir in die Waggons einer kleinen Bimmelbahn. War das nicht dieselbe, die in den Thörlgraben dampfte? Die werden uns doch nicht bei Nacht und Nebel wieder heimgeschickt haben? Zu unserer Rechten entdeckte ich einen lang gestreckten, bewaldeten Gebirgszug, tiefgrüner Tannenwald, von Nebelschwaden überweht. Die Reiseleiterin lachte mich aus, konnte mir, nach den vielen unbeantwortbaren Fragen während der bisherigen Reise, endlich eine klare Auskunft erteilen. „Das ist kein Berg. Das ist das Meer. Wir sind an der Ostsee!“ Erst langsam gelang es dem Verstand, die Augen von der Täuschung durch Halbschlaf und Müdigkeit zu befreien. Der Tannenwald gerann zu Wogen, der Nebel zu Schaumkronen sich brechender Wellen.

Im Jugendheim Forsteck zu Kühlungsborn rief die Heimleiterin, ein preußischer Drache mit aufgestecktem Zopf und Hängebacken: „Jungs, dat ihr mir man bloß die Toilette nicht beschmutzt!“ Sie rief es mehrmals am Tag, es schien ihre größte Sorge zu sein, dass die Toiletten blitzblank blieben, als wären sie nur zum Anschauen da. Sonst hütete sie uns wie eine Glucke. Wir wurden aufgepäppelt mit süßen Mehlsuppen, Haferschleim, Fisch in allen Variationen – fast so gut wie die schwarzgefischten Forellen daheim. Auch Fleisch gab es hin und wieder, immer aber reichlich Gemüse und einmal die von uns, die wir nicht wussten, was das war, mit Spannung erwarteten „Pellkartoffeln mit Quark". Die Jungs aus Deutschland grinsten, für die war schon damals „Quark", was bei uns bis heute als „Topfen" gilt. Die Pellkartoffeln waren gewöhnliche Erdäpfel, nur kamen sie samt Schale auf den Tisch.

In den einsamen Standkörben auf dem weiten, menschenleeren Meeresstrand häufte der kühle Aprilwind kleine Berge aus grobkörnigem Sand. Das Meer war kalt, blieb es während all der Wochen unseres Aufenthaltes. Die Strandkörbe dienten uns als Zufluchtsort vor der feuchtkühlen Brise, nicht vor heißer Sonne. Wir sammelten Muscheln, bunte Seesterne, trockneten sie, um sie als Andenken nach Hause mitzunehmen. Wir wanderten singend über aufgewehte Dünen, durch helle Birkenalleen und weite Nadelwälder. Mit einigen Jungen aus Deutschland freundeten wir uns rasch an, besonders mit jenen aus Thüringen und Sachsen, die ein ähnlich schwerfälliges Deutsch redeten wie wir. Anderen wichen wir aus, sie führten neben den freundlichen Erzieherinnen gern das große Wort, versuchten mit uns herumzuschaffen.

So oft es ging, entschlüpften wir ihrem Späherauge, erforschten die Umgebung auf eigene Faust. Wir waren vier Buben aus der Obersteiermark. Plötzlich standen wir vor einer verlassenen Strandhütte. Die Tür war versperrt, ein Fenster eingeschlagen. Wir kletterten hinein. Leere Bier- und Limonadeflaschen, ein Eisfähnchen erinnerten an den Sommer des vergangenen Jahres. Auf einem Schrank entdeckten wir ein Bündel Postscheckkarten, daneben stand eine Flasche, halbvoll mit goldbrauner Flüssigkeit. Wir entkorkten sie, schnupperten. Rum! Die Flasche ging reihum, bald war sie leer, wir benebelt. Bevor wir uns wieder verdrückten, stöberten wir noch einmal herum. Zuletzt steckten wir die Postscheckkarten ein, ohne zu wissen, wozu sie uns jemals dienen sollten.

Als wir aus dem Fenster schlüpften, waren wir als Diebe entlarvt. Vor uns baute sich ein Bub aus unsrer Gruppe auf. Wir hatten ihn nicht mitgehen lassen, er mischte sich auch sonst meist unter eine kleine Gruppe von Jungen aus dem Altreich, die unser Älplerdeutsch verlachten und mit uns herumzukommandieren versuchten. Das probierte er auch.

„Ich weiß alles", empfing er uns, „ich hab euch zugeschaut." Augenblicklich waren wir ernüchtert. „Sag's bitte nicht", bettelten wir. „Du kannst unsere Zuckerbrezel haben." Er nahm das an einem Kiosk erstandene Naschwerk. Nachdem er es aufgegessen hatte, sagte er: „Ich werde es mir überlegen." Am nächsten Tag steckten wir ihm wieder zu, was wir uns um das von daheim mitbekommene Taschengeld gekauft hatten: saure Drops, Kekse, auf Eichenrinde gemalt unser Jugendheim mit seinen Zinnen, Zacken, Türmchen und Giebelchen. Er nahm alles entgegen, versprach, heute noch nichts zu sagen, aber vielleicht morgen. Bis zum Ende des Erholungsaufenthaltes hielt er uns in Angst und Bangen. Jeden Tag empfing er seinen Schweigelohn, forderte ihn jedes Mal aufs Neue – ein kleiner, perfekter Erpresser.

Während der Heimreise, als wir aufatmend hofften, ihm endlich entkommen zu sein, tauchte er abermals in unserem Abteil auf. „Bevor wir daheim sind, werd ich es sagen“, knöpfte er uns die letzten Taschengeldpfennige ab. „Oder vielleicht auch erst, wenn wir daheim sind.“ Wir stellten uns in den Gang, nahe an die Waggontür. Sollte die Reisebegleiterin mit der Schere auftauchen, wollten wir gemeinsam aus dem fahrenden Zug springen. Wir langten ungeschoren zu Hause an. Aber noch Wochen später schreckte ich manche Nacht schweißgebadet aus einem Alptraum auf: Der Junge stand an der Tür und rief: „Heute sag ich es!“

Dejot und Hajot

„Linkszwodreivier – linkszwodreivier – links … links … links!“ kommandierte der Jungzugführer unsere um Gleichschritt bemühte Bubenschar. Dann brüllte er: „Ein Lied!“ Wem unter den Buben als erstem einfiel, was wir singen könnten, oder wen der Jungzugführer namentlich aufgefordert hatte, ein Lied vorzuschlagen, der brüllte zurück: „Westerwald!“ – „Westerwald!“, wiederholte der Jungzugführer, kommandierte noch einmal „drei-vier!“, und mit dem nächsten Aufsetzen des linken Fußes dröhnten wir los: „Heute wollen wir's probieren, einen neuen Marsch marschieren, durch den schönen Westerwald, hei! da pfeift der Wind so kalt.“

Der „Westerwald“ war eines der beliebtesten Marschlieder, besonders bei jenen, die der Kunst mächtig waren, durch zwei in den Mund gesteckte Finger zu pfeifen. Auf das Wort „pfeift“ im Liedtext, pfiffen sie so kräftig los, dass es laut durch die Gegend gellte und dem Nebenmann beinahe das Trommelfell platzte. Gern gesungen wurden auch: „Die Blauen Dragoner, sie reiten“; „Wenn die Soldaten durch die Stadt marschieren“; „In einem Polen-Städtchen, da wohnte einst ein Mädchen“. Schlug einer das gleichfalls häufig gesungene Lied „Es zittern die morschen Knochen“ vor, so wandelten wir den Text hartnäckig ab und brüllten „Es zittern beim Oasch die Knochen!“ Wegen des phonetischen Gleichklangs fand der Jungzugführer nie heraus, wer, wie das Lied sagte, die morschen Knochen der Welt vor Deutschlands großem

Sieg zittern lassen wollte, oder bloß irgendjemandes Knochen in der Steißbeingegend. Wir sangen Soldatenlieder, Wanderlieder, Volkslieder – alles, wozu man marschieren konnte. „Auf der Heide blüht ein kleines Blümelein" sowohl wie „Kein schöner Land in dieser Zeit" und „Schwarzbraun ist die Haselnuss". Wandelte man den Rhythmus auf Marsch ab, ließ sich sogar „O Tannenbaum, o Tannenbaum" zum Gleichschritt in den Äther donnern – wir marschierten auch dazu! Die Texte der meisten patriotischen oder soldatischen Leider waren entweder aggressiv oder dümmlich, viele beides zugleich, manche aber auch nur gereimter, romantisch klingender Stuss, wie: „Ein Jungvolkjunge hält treu die Lagerwacht, das Feuer knistert, und dunkel ist die Nacht, im Zelte schla-afen, schon all die Bra-aven und mit dem Wimpel spielt der kühle Wind …"

Mir war das Ausmarschieren verhasst. Schon das Anziehen der Uniform mit gestärktem Braunhemd, Riemen, Koppel, Halstuch und was noch alles dazu gehörte, bereitete mir schrecklichen Widerwillen. Er entsprang keineswegs einer Erleuchtung, eine solche erhellte meinen Geist so wenig wie den der meisten Erwachsenen. Meine Abneigung richtete sich gegen jede Art von Kleidungszwang, ich lief am liebsten im so genannten „Räuberzivil" umher, auf das man nicht fortwährend Acht geben musste, damit der Mutter unnötiges Wachen und Bügeln erspart blieb.

Insbesondere verabscheute ich es, bei unseren Ausmärschen auf das Kommando „Raustreten!" in Gemeinschaft Dutzender anderer Buben am Straßenrand, oft noch ohne Baum, den der Mann wie der Hund bei dieser Verrichtung gern vor sich hat, zu urinieren oder zu exkrementieren. Womit ich das Sprichwort widerlegte, das da sagte „Kein Germane schifft allane“. Manchmal brachte ich keinen Tropfen heraus, bis ich beim nächsten „Raustreten!“ nach peinigendem Marsch mit fast platzender Blas endlich „konnte“.

Mit vierzehn Jahren wurden aus uns „Pimpfen“ Hitlerjungen. Die Übernahme von der Dejot in die Hajot geschah mit Tamtam und Trara, mit Fahnenweihe, mit Strammstehen, dem Absingen von Liedern und dem Aufsagen von Sprüchen. Reden wurden gehalten, am Schluss war uns schwummerig von der Ehre, einer Jugend anzugehören, die den Namen des „Führers“ trug. Die gleichaltrigen Mädchen landeten beim BDM, dem Bund Deutscher Mädchen.

Jede Woche gab es einen Heimabend, der musste besucht werden. Blieb man ihm ohne ausreichende Entschuldig fern, wurde man bestraft. Der Bruder besuchte später lieber ein Mädchen. Zur Strafe musste er einen halben Sonntag lang am Bahnhof beim Entladen von Kohlewaggons mitschaufeln. Ein andermal wurde er für dasselbe Vergehen zum Decken von Behelfsheimen für die Ausgebombten eingeteilt. Alles natürlich ohne Bezahlung. Bei den Heimabenden wurden uns die besonderen Tugenden eines deutschen Jungen eingedrillt: Gehorsam, Vaterlandsliebe, Führertreue. Bei den Ausmärschen lernten wir noch besseren Gleichschritt, lernten auf die Kommandos: „Augen rechts!“, „Augen links!“, „Stillgestanden!“, „Im Gleichschritt marsch!“ parieren wie die Zirkusaffen.

Ein ganzer Rattenschwanz von Leuten schaffte und kommandierte mit uns herum. Das fing beim Jungenschaftsführer an, ging über den Jungzug-, den Rotten-, Horden-, Fähnlein-Stamm-, Bann- und weiß Gott welchen Führern noch bis hinauf zum ersten und obersten, dem „Führer“. Ihm hatten alle zu gehorchen – und sie gehorchten.

Zur Ertüchtigung mussten wir boxen lernen. Wer sich davor zu drücken suchte, wurde als Weichling beschimpft. „Dich werden wir schon auch noch zu einem richtigen Mann machen“, hieß es. Im Deutsch unserer Brüder aus dem Altreich klang es so: „Dir werden wir man die Löffel lang ziehen.“

Bei einem Heimabend wurde dem Bruder befohlen, gegen Helmut, einem Jungen aus Düsseldorf, zu boxen. Die beiden waren gute Freunde. Der Deutsche war durch seinen Vater, einen Werksingenieur, in die „Ostmark“ gekommen. Wir schauten zu den Leuten aus dem Altreich wie zu höheren Wesen auf. Sie waren uns rundum überlegen. Besonders, was soldatische Tugenden anbetraf: Mut, Härte gegen sich und andere. Die beiden Jungen hatten noch nicht den „rechten Mumm“ in den Knochen. Jeder scheute sich, dem anderen eine „in die Fresse zu hauen“. Endlich hob Helmut die Arme – und der Bruder schlug zu. Es ging sehr schnell. Aus Angst, den ersten Hieb abzufangen, streckte er seine Faust von sich, Helmut lief hinein, fiel um und blieb gleich liegen. Da schwante uns, dass auch die Jungen aus dem Altreich längst nicht alle so waren, wie der „Führer“ sie sehen wollte. „In unseren Augen, da muss der deutsche Junge der Zukunft rank und schlank sein, flink wie ein Windhund und hart wie Kruppstahl.“

Wem Befehlsgewalt über uns gegeben war, den hatten wir zu grüßen. Nicht schlappschwänzig wie zu Österreichs Zeiten mit „Grüß Gott“ und „Guten Morgen“. Zackig, stramm mit „Heil Hitler!“. Den rechten Arm emporgerissen, den Kopf dem zu Grüßenden zugewendet. Auf die hierarchische Ordnung war dabei streng zu achten. So musste ein Jungenschaftsführer einen Oberjungenschaftsführer zuerst grüßen, ein Jungzugführer einen Stammführer, der Stammführer den Bannführer und so weiter, den ganzen Rattenschwanz hinauf und hinunter.

Vor einem Mann, den wir grüßen mussten, kroch uns die Angst über den Rücken. Wie immer man es anstellte, er erwischte jeden Jungen irgendwann beim unvorschriftsmäßigen Grüßen. Oder bei einem anderen Vergehen. Mit Haaren etwa, die einen Zentimeter über die vorgeschriebene Zündholzlänge gewachsen waren. Gleich begann er zu toben. Wo er sein Opfer stellte, machte er es „zur Sau“. Am liebsten vor Zuschauern, er brauchte Publikum. Schon ging es los. „Stillgestanden! Pfoten an die Hosennaht! Grüßen!“ – „Heil Hitler!“ – „Lauter!“ – „Heil Hitler!!“ – „Das mir das nicht noch einmal vorkommt! Und morgen bist du beim Friseur, sonst ...“ Was ihm sonst blühte, wusste jeder: eine Glatze.

Das Donnerwort drang aus einem armseligen Körper. Der befehlsgewaltige Mann litt an einer Lähmung, schleppte sich mit Krücken mühsam fort. Selbst außerstande, ohne Stütze einen Fuß vor den anderen zu setzen, verlangte er von uns, dass wir fortwährend zackig wie die Soldaten herumliefen. Wir fürchteten, verachteten ihn. Wir ahnten seinen stillen Hass auf uns. Anders als ihm waren uns gerade Glieder geschenkt. Er handelte klug, uns vor seiner Missgestalt herzuschieben, galt er doch eigentlich als ein wertloses Glied der deutschen Volksgemeinschaft. Der „Führer" selbst hatte es verkündet, und in unserem „Hilf mit!"-Heft stand es abgedruckt. „Ein Mann ist nur der, der als Mann sich auch wehren und verteidigen kann."

„Hilf mit!" war eine Schülerzeitschrift. Der Nationalsozialistische Deutsche Lehrerbund gab sie heraus. In einem dieser Hefte konnte man, wie in einem Tagebuch, wichtige Kriegsereignisse mitschreiben. Der Bruder trug erstmals am 25. Mai 1941 ein wichtiges Ereignis ein: „Das deutsche Schlachtschiff ‚Bismarck' versenkte das größte Kriegsschiff der Welt, die ‚Hood'. Sie hatte 1.363 Mann Besatzung und eine Wasserverdrängung von 46.500 Bruttoregistertonnen." Zwei Tage später, am 27. Mai 1941, notierte der Bruder: „Schlachtschiff ‚Bismarck', das gegen eine große englische Übermacht kämpfte, wurde durch englische Lufttorpedos getroffen und ist gesunken. Die ‚Bismarck' hatte 35.000 Bruttoregistertonnen." Damit ließ es der Bruder bei der Führung seines Kriegstagebuchs bewenden. Der Verlauf des Krieges klang in den beiden Notizen bereits an. Das hatte damals weder er geahnt, noch hätte es irgendjemand vorherzusagen gewagt. Das „Hilf mit!"-Heft entkam der Verbrennungsaktion bei Kriegsende. Die Meldungen vor Augen, wird deutlich, wie die Zensur wegließ, was uns schrecken konnte. Die „Bismarck" nahm nur Schiffsraum in die Meerestiefe mit, die „Hood" auch Menschen.

Jeden Tag führte der Herr Zellenleiter E. seinen Dackel an unserem Haus vorüber äußerln. Stets trug er seine Uniform. Der Vater verdächtigte ihn, sie nicht einmal beim Schlafengehen auszuziehen. „Wenn sie ihn nämlich ohne seine braune Parteikluft erwischen, schicken sie ihn ungeschauter als Juden nach Dachau." Herr E. war klein, verwachsen, krummbeinig wie sein Dackel, ein „Schrumpfgermane". So nannte der Spott treue Parteigenossen, deren körperliche Erscheinung in krasser Weise den Ansprüchen der Partei widersprach. Das galt auch für Propagandaminister Joseph Goebbels, Inhaber der größten „Klappe" im Reich. Von ihm behauptete der Vater, er habe sich in den Spiegel geschaut, als er aufschrieb, wie wir uns galizische Juden vorstellen sollten: schmächtig, hohlwangig – ein Kümmerling.

Der Herr Zellenleiter E. strebte hartnäckig die Würde und größere Macht eines Ortsgruppenleiters der NSDAP an. Um dafür ins Auge gefasst zu werden, bedurfte es der Bewährung. Er bewährte sich durch unerbittliches Vorgehen gegen jeden Gesetzesbrecher. Besonders abgesehen hatte er es auf Hamsterer. Auf einem Bauernhof außerhalb der Stadt ergatterten Frauen, die furchtlos das Verbot umgingen, hin und wieder einen Liter Milch. Der Zellenleiter bekam es heraus. Wähnten die Frauen sich mit ihrem Schatz schon fast in Sicherheit, sprang er wie ein böser Zwerg hinter einem Gebüsch hervor. „Halt“, rief er, „her mit der Milch!“ Er entleerte Flaschen und Kannen, schüttete die Milch auf die Erde. Jeder Volksgenosse sollte gleich viel – gleich wenig – haben. Ein Nachbar des Herrn E. allerdings durfte ein wenig mehr haben. Er gehörte der SS an. Aus Frankreich brachte er ganze Autofuhren zusammengeraubten Beuteguts heim. Oft tauchte er überraschend in der Heimat auf, lagerte die Leckerbissen in seinem Keller ein, Schinken, Käse, Champagner. Stramm, wie es sich gehörte, entboten wir Herrn E. und seinem Nachbarn den Hitlergruß.

Von löchrigen und zugigen Dächern hatte ich für mein Leben lang genug. Was half's! Dejot und Hajot legten es darauf an, uns beizeiten an den Aufenthalt in Notunterkünften, Zelten, Heuböden, leerstehenden Sennhütten zu gewöhnen. Wir gingen auf Lagerfahrt. Das verhieß romantische Stunden am Lagerfeuer, ein freies Leben, wie Robinson es geführt hatte. Vielleicht Abenteuer wie die Helden in unseren Schundheften sie bestanden. Es ging dabei zu, als wären wir schon richtige Soldaten. Wir wurden einberufen, marschierten mit klingendem Spiel, Kochgeschirr auf dem Tornister, unter Wimpeln und Fahnen im Lagerort ein. Die Landsknechtstrommeln dröhnten, die Fanfaren schmetterten. Um sechs Uhr früh wurden wir zum Morgenappell herausgepfiffen, um zehn Uhr abends schickte uns der Zapfenstreich schlafen. Dazwischen lernten wir im Spiel das Gelände erkunden, Entfernungen nach dem Daumensprung abschätzen. Am Lagerfeuer sangen wir die alten Lieder, lernten neue. Von einem ist mir nur der Refrain in Erinnerung, dieser dafür umso unvergesslicher: „Und wenn das Judenblut vom Messer spritzt, hei, dann geht's noch mal so gut.“ Wir brüllten es hinaus, dachten uns kaum etwas dabei. Weniger gewiss als jene, die uns solche Lieder lehrten und zu singen befahlen.

Sondermeldungen

Es gab im „Dritten Reich“ neben Kriegsgesang und Marschmusik auch Symphoniekonzerte und Opern, Kammermusik, Liederabende. Werke degenerierter jüdischer Komponisten oder von irgendwelchen „Untermenschen“ aus dem Osten durften unser Ohr nicht kränken. Uns erreichten auch die erlaubten hehren Klänge nur selten. Die Wunschkonzerte brachten, was der schlichte Mann verlangte. Zu „Heimat deine Sterne“, „Es steht ein Soldat am Wolgastrand“ und ähnlichen Klängen flogen Grüße von der Heimat an die Front und umgekehrt. Es war eine Zeit der Lieder. Ging es drunter und drüber, schmetterten fröhliche Stimmen beim Wunschkonzert in die Stuben der Volksgenossen: „Das kann doch einen Seemann nicht erschüttern.“ Schon sah alles wieder rosig aus.

Am Sonntag spielte das Radio Opernmusik. Häufig solche von Richard Wagner. Die war dem Vater ein Gräuel. Kaum dröhnten die ersten Takte einer Ouvertüre aus dem Kasten, sprang er hin und drehte ab. Oft hatte er zu dieser Stunde schon eine lange „Panzerschicht“ hinter sich. Freiwillige Sonntagsarbeit für den Endsieg. Der Kopf schmerzte ihn noch vom Gebrause der Schmelzöfen, vom Gezisch der beim Abguss herumfliegenden Spritzer kochenden Stahls. Er wollte seine Ruhe haben. Welche Ruhe gönnte er sich! Kaum gegessen, ein paar Minuten am Tisch dahingenickt, saß er schon wieder an seiner Schusterbank. Nervte den Vater das Instrumentengetöse aus unserem alten Kapsch-Radio, so nervte mich sein unermüdliches Gehämmer auf den Schuhsohlen fremder Leute. Ich trotzte seiner Aufforderung „dreh den Kasten ab“, stellte ihn nur leiser. Ich schwärmte für Richard Wagner. Die Wahrheit: Seine Musik nervte mich wie den Vater, doch war ich ins Alter gekommen, seiner Unfehlbarkeit meine ersten Zweifel entgegenzusetzen. Mit erfindungsreicher Bosheit kehrte ich den Gegensatz zwischen ihm und mir hervor, wo sich eine Gelegenheit bot. Schamlos bediente ich mich dazu auch Richard Wagners. Seine Musik konnte den Vater zur Weißglut reizen. Dafür nahm ich schon einigen Ohrenschmerz in Kauf. Hin und wieder schien es ihm gar nicht gleich aufzufallen, wenn ich seinem Befehl kein Ohr lieh, so vertieft war er ins Leiden des jeweiligen Schuhs. Spätestens wenn Brünnhilde, Isolde oder Senta loslegten, dass die Verstärkerröhren im Radio knisterten, fuhr er auf. „Warum plärrt denn dieses Weibsstück so jämmerlich!“, rief er. „Die plärrt nicht“, belehrte ich ihn, „die singt eine Arie.“ Jeglicher Operngesang war für mich Arie. „Ahh, eine Arie“, stöhnte der Vater gepeinigt wie Isolde bei Tristans Tod, „und dir gefällt das natürlich“ – sein Spott ätzte, sein Ton verriet, was er dachte – „seit du die Weisheit mit dem großen Schöpflöffel gefressen hast.“ Ich verschanzte mich hinter dem „Führer“. „Dem Führer gefällt Wagnermusik auch.“ Damit waren dem Vater die Grenzen seiner Autorität gezeigt. Bis in die unteren Ränge der Volksgemeinschaft war des „Führers“ Vorliebe für Richard Wagner ruchbar geworden, so wie man auch wusste, dass er am liebsten Erdbeeren mit Schlagsahne aß. Ich dachte, kein Wunder, es wird ja oft genug „Heil“ in diesen Opern gebrüllt, von Helden und vom deutschen Volk gesungen.

Ein ganzes Delta von Zornesadern vernetzte seine Stirn, musste der Vater sich anhören, was mich angeblich so sehr verzückte. Endlich waren eine Leidensfähigkeit und seine Geduld zu Ende. Er knallte den Hammer hin. „Dem Führer kann das von mir aus gefallen. Aber ich, ich hab meinen Krawall jeden Tag in der Bude. Mir dröhnt davon der Schädel. Daheim, da will ich meine Ruhe!“ Welcher Hohn, von Ruhe zu reden, bei dem Spektakel den er mit seinem Schusterwerkzeug aufführte. „Dreh leiser“, befahl die Mutter beschwichtigend, „da kann einer ja wirklich törrisch werden, bei dem Krach rundherum.“ Einen Teil des Krachs rundherum durfte der Vater auf sich beziehen. Ich stellte das Radio leiser, presste meine Ohren an den Lautsprecher, lauschte verzückten Gesichts Isoldes Liebestod, Siegfrieds Rheinfahrt, Sentas Ballade. Ich litt schweigend, nur um den Vater zu ärgern. Doch Merkwürdiges geschah: Nach und nach fing mir das Getöse zu gefallen an. Was mir anfangs als schreckliches Gepauke, Getrommel, Gefiedel, als zum Gähnen langweiliges Geklimper erschien, entwirrte sich. Klanggebirge formten sich vor meinen geschlossenen Augen. Landschaften aus Tönen sah ich vor mir, nächtliche Gefilde, herbstvergoldete Wälder, nebelumdräute Unterweltsschluchten. Götterburgen, von unirdischem Glanz überstrahlt. Es hob mich, trug mich hinweg. Ich hatte Flügel! Irgendwo, tief unter mir, schlug der Schusterhammer des Vaters seinen irdischen Takt zur überirdischen Musik.

Einmal drehte ich, alle Drohungen missachtend, eine Stelle aus den „Meistersingern" laut auf. Das musste doch auch dem Vater gefallen, wie Hans Sachs singend das Leder zu Evas Brautschuhen ausklopfte. Ich glaubte, seiner Miene abzulesen, was er dachte: Nun ja, wenn dieser Wagner sich nicht zu gut dünkte, auch für einen Schuster etwas zu komponieren, war vielleicht nicht alles von Übel an dem Kerl. Als er den Mund auftat, sagte er: „Den Schuh möchte ich mir anschauen, den der Bursche da zuschanden gedroschen hat."

Der Vater bewältigte unseren Konflikt mit größerer Einsicht als ich. Auch wenn ihm meine auf so ungewöhnliche Weise geborene Liebe zur ernsten Musik unverständlich blieb, suchte er Versöhnung. „Wenn der Bub schon einen musikalischen Fimmel hat, soll er ein gescheites Instrument spielen lernen", schlug er der Mutter vor. Mich Geige oder Flöte oder etwas ähnlich „Überspanntes" lernen zu lassen, soweit gingen weder seine Nachsicht noch meine Begeisterung. Wir trafen uns bei Zither. Aus einem Katalog bestellte er für mich in Klingenthal in Sachsen eine prächtige Konzertzither. Zu einer alten Zitherspielerin, die auch ein paar Schüler zum Unterrichten nahm, schickte er mich in die Lehre. Mit vielen schmerzhaften Blasen an den Fingern der rechten Hand, denen es oblag, zu der mit der Linken auf dem Griffbrett gespielten Melodie die Begleitung zu liefern, trotzte ich dem widerspenstigen Instrument ein paar simple Liedchen ab. Ich brachte es indes auf der Zither nicht halb so weit wie der Bruder auf der Mundharmonika. Der stand in

Sachen Wagner auf des Vaters Seite. So wurde er nicht angehalten, sich ernsthaft mit Musik zu befassen.

Mein erster und einziger Auftritt als Zitherspieler fiel mit der Eröffnung einer riesigen Werkshalle zusammen. In ihr sollten künftig Panzerplatten, Geschützrohre, ähnliches Kriegszeug aus Stahl in tümpeltiefen Ölbädern gehärtet werden. Zur Einweihung kam der meist benebelte Reichsarbeitsminister Robert Ley. Zwischen anderen Dilettanten präsentierte die alte Zitherfee ihre vier Schüler beim Festakt einer riesigen Menschenmenge. Sie klatschte uns Beifall, wie falsch wir auch spielten. Auch dem Minister klatschte sie für seine nicht minder falschen Töne Applaus. Er hielt sich am Rednerpult fest, ich sehe noch das hochrote Gesicht. Von ihm sagten die Leute, was sie bei uns bis auf den heutigen Tag von einem wüsten Alkoholiker sagen: Er säuft wie der Pumpenwärter-Lois.

Es gab ein symphonisches Musikstück, bei dem horchte sogar der Vater ohne mein Zutun elektrisiert auf. Nicht nur ihn erfasste bei den ersten Tönen geheimnisvolle Spannung. Auch die Mutter, den Bruder, mich, alle Nachbarn, die ganze Stadt, das ganze deutsche Volk. Franz Liszts symphonischer Dichtung „Les Préludes" gelang das Wunder. Sie leitete Sondermeldungen des Oberkommandos der Wehrmacht ein.

Ihnen gingen akustische Zeremonien voran. Eine halbe Stunde, oft noch länger vorher, wurde das laufende Rundfunkprogramm plötzlich unterbrochen. Die Stimme des Ansagers meldete sich. „Wir erwarten in Kürze eine

Sondermeldung des drahtlosen Dienstes.“ In kurzen Abständen wurde die Ankündung wiederholt. Von einem zum anderen Mal stieg die Spannung. Die Frau von nebenan rief über den Gartenzaun: „Habt ihr es schon gehört, eine Sondermeldung kommt!“ Auf der Straße teilten wildfremde Leute es einander mit, „eine Sondermeldung ist angesagt“. Die Erregung schwoll zum Taumel. Als der Zeitpunkt näher rückte, eilte, wer konnte, zum nächstgelegenen Volksempfänger, wartete auf das große Ereignis. Jeder wusste, die Deutsche Wehrmacht hatte wieder einen ihrer großen Siege erfochten. Womöglich schon den Endsieg. Endlich war es soweit. Die aufwühlende Klangwoge Franz Liszts setzte ein, flutete über das ganze unbesiegbare Deutsche Reich hin. Tata-tataratatatatatatam-tataram. Atemlose Stille, dann die feierliche Stimme des Sprechers: „Das Oberkommando der Wehrmacht gibt bckannt.“

Wie leuchteten da die Augen auf, glühten die Wangen. Die Droge Siegesrausch jagte das Blut durch die Adern. Die Sondermeldung besagte, welche Stadt in der Ukraine oder sonst irgendwo unter schwersten Verlusten des Gegners von den heldenhaften Soldaten der Deutschen Wehrmacht erobert worden war. Sie verkündete, wie viele feindliche Flugzeuge vom Himmel geholt, wie viele tausend Bruttoregistertonnen feindlichen Schiffsraums auf den Grund des Meeres geschickt worden waren.

Eine Weile nach Verklingen der Meldung löste sich die Spannung. Ein gemeinschaftlicher Orgasmus hatte dem ganzen Volk einen Höhepunkt im Kriegsalltag verschafft.

Mit der Fortdauer des Krieges verhielten sich Inhalt und Präsentation der Sondermeldungen zueinander wie eine billige Ware zu ihrer teuren, glänzenden Verpackung, wie der krummbeinige Herr E. zu seiner geputzteen und geschniegelten Uniform. Und es folgte dem Rausch der anfänglichen Euphorie immer öfter die schale Ernüchterung.

Jener Teil des Volkes, der sich von den Sondermeldungen nicht betäuben und täuschen ließ, sah vor Augen, wovon sie in Wahrheit kündeten. Sinnlosen Tod, sinnlose Zerstörung, die wieder nur Tod und Zerstörung nach sich zogen. Noch heute sind mir die Worte der Mutter im Ohr, nach einer Sondermeldung über versenkte Schiffe eines für England bestimmten Geleitzuges. „Vergesst nicht, auch auf diesen Schiffen sind Menschen gestorben. Junge Männer, auf die zu Hause Vater und Mutter warten, Geschwister, Frauen, Kinder. Und sie kommen nie mehr heim." Die Mutter sagte es bei verschlossener Tür zu mir und zum Bruder, wir begriffen nicht gleich, warum sie die Begeisterung, mit der auch wir infiziert worden waren, dämpfte. Sie sprach leise, was sie sagte, hätte ausgereicht, wäre es etwa dem Zellenleiter E. zu Ohren gekommen, sie wegen Zersetzung der Wehrkraft anzuzeigen. Längst musste man seine Zunge vor den nächsten Nachbarn hüten, manchmal vor den Mitgliedern der eigenen Familie. Wir haben die Worte der Mutter in uns verschlossen, allmählich begriffen, was sie uns sagen wollte, es nicht mehr vergessen: Krieg bedeutet Tod. Gewaltsames Sterben, unbeschreibliches Leid, verwüstete Städte, totes

Land. Noch heute jagen mir Franz Liszts „Les Préludes" kalte Schauer den Rücken hinab.

In den Sondermeldungen wurde der Einruck erweckt, es hätte immer nur der Feind Verluste an Menschen und Material erlitten. Die zunehmende Zahl der Todesanzeigen von Gefallenen in den Zeitungen, kenntlich durch das eiserne Kreuz in der linken oberen Ecke, bezeugte, dass auch Deutschland blutete. Junge Männer, nur wenige Jahre älter als wir, mähte der „Heldentod" scharenweise aus ihrem „jungen, blühenden, hoffnungsvollen Leben" – wie es oft hieß. Ein Bruder des Vaters sandte uns einen Feldpostbrief mit seinem Bild. Es zeigte ihn, den oststeirischen Bauernbuben, der ohne Krieg nie weiter als in die Kreisstadt Hartberg gekommen wäre, wie er im Atlantischen Ozean badete. Stolz hatte er unter das Bild geschrieben: „In der stürmischen Biskaya." Wenig später war er tot, gefallen für „Führer, Volk und Vaterland". Seine Witwe, zwei kleine Kinder, das dritte unterwegs, die alten Eltern, die Wirtschaft standen ohne den Mann da, dessen Fleiß und Kraft alles zusammengehalten hatten.

Schmerz und Verzweiflung mancher Hinterbliebenen von gefallenen Soldaten wurden zu „stolzer Trauer" beschönigt, missbraucht als Zeichen „unbeugsamen Siegeswillens" des deutschen Volkes. Im Wortlaut der Todesanzeigen klang es so:

„Alle Zeit bereit! Das war der Wahlspruch unseres lieben, sonnigen Jungen. Mit seinem Heldentod gab er ihm tiefste Erfüllung. Soldat Josef B., Betriebsassistent der

Technischen Hochschule Graz, gab am 11. September 1943 im Alter von 19 1/2 Jahren sein junges, hoffnungsvolles Leben fürs Vaterland."

Dieser „tiefsten Erfüllung" ging das Grauen auf den Schlachtfeldern voraus. Dazu schwerste körperliche Anstrengung, Entbehrungen jeder Art, oft noch Demütigung und Schikane durch Schleifer und Sadisten. Nur hin und wieder erfuhren die Angehörigen von Soldaten davon. Wenige wagten in Briefen zu berichten, wie es „auf dem Feld der Ehre", wie die abgedroschene Redensart das Kampfgebiet nannte, wirklich zuging. Die nachstehenden Sätze sind Briefen entnommen, die in der zweiten Hälfte des Jahres 1943 ein Soldat der Deutschen Wehrmacht an seine Eltern schrieb.

„... In unserem neuen Quartier gibt es keine Wasserleitung, keinen Waschraum, kein Trinkwasser. Bin viel Dreck aus Polen gewohnt, aber der Zustand hier ist grauenhaft. Dann diese Steppe ohne einen Baum. Heute mussten wir bei glühender Hitze schon vier Stunden mit Ausrüstung (Stahlhelm usw.) exerzieren. Staub, dass dir die Zunge anpickt und die Kehle austrocknet vor Durst."

„... Habe mich schon seit drei Wochen nicht mehr richtig gewaschen. Das Essen besteht meist aus Eintopf, nie gibt es Gemüse. Ich will euch noch mitteilen, dass ich ein 10-dkg-Packerl noch in Nikolajew bekommen habe. Damit ihr wisst, ob alles drinnen war, was ihr geschickt habt, schreibe ich den Inhalt auf: 4 Keksi, 1 Puddingpulver mit 50 Gramm Zucker, Haferflocken, 3 Dörrzwetschken, 3 Nüsse."

„… Heute wurde wieder ein Soldat wegen Hochverrat erschossen. Er hat Soldbücher von deutschen Wehrmachtsangehörigen an Partisanen weitergegeben. Sein letzter Ausspruch war noch: ‚Macht es mir nicht nach, Kameraden! Es lebe der Führer, es lebe Großdeutschland!' Freiwillig zum Erschießungskommando meldete sich Kurt B., ein Grazer, der auf der Bulme mit meinem Bruder studierte."

„… Wir haben hier einen Unteroffizier, der ist ein richtiger Sadist. Er kann nicht sehen, dass wir eine Sekunde ausruhen. Er hat mir und anderen Kameraden schon mehrmals gedroht, uns vors Kriegsgericht zu bringen, weil wir seine schikanösen Befehle verweigert haben. Wir sollten uns in Drecklacken werfen, und es gibt doch kein Wasser, um uns und die Uniform zu waschen."

„… Durch Kameraden von der kämpfenden Truppe sind in unser Quartier weiße und schwarze Partisanen – Läuse und Flöhe! – eingeschleppt worden. Wir mussten alle zur Entlausung, aber bei den Verhältnissen hier hilft das nicht für lange."

„… Unser neuer Einsatzort liegt in einem Sumpfgebiet, dabei müssen wir in Zelten wohnen und schlafen. Es gibt drei gefürchtete Krankheiten, das sind Malaria, Wolhynisches Fieber und Typhus. Ihr seht also, Feinde da und dort, von oben die Luftangriffe, von herunten die Krankheiten. Fast unsere ganze Kompanie hat schon Durchfall und Fieber."

„… Die Russenweiber hier werden als die Huren der Offiziere behandelt. Meine größte Sorge ist nun aber die, hoffentlich geht der Krieg gut aus, denn sonst weiß ich nicht, wie wir aus diesem Land herauskommen werden."

„… Ich möchte vieles erzählen, aber leider muss man schweigen. Vielleicht kommt einmal eine Zeit, in der auch wir sprechen dürfen von unserem Staate."

Das Wörtchen „unserem" war in dem mit Bleistift geschriebenen Brief dick unterstrichen. Das sagte deutlich, dass mit „unserem" Staat nicht Großdeutschland gemeint war, sondern Österreich. An dieses Österreich hingen, je länger der Krieg andauerte, je klarer sein Ausgang sich abzeichnete, auch viele jener Menschen wieder ihre Hoffnung, die sich im März 1938 mit Heil-Hitler-Rufen die Kehle heiser geschrieen hatten.

Sammeln

In eine noch größere Ekstase als die Sondermeldungen versetzten Ansprachen des „Führers“ die ganze Nation. Wie in Trance vernahm Großdeutschland seine Stimme, dieses schneidende, etwas kehlig klingende Organ, das sich bis zur Heiserkeit steigerte, oft knapp vor dem Umschlagen schien, wie die Stimme des Pumpenwärter-Lois, wenn er besoffen war. Wie wir einst in dessen Nähe unsere Ohren nach unflätigen Ausdrücken aufgesperrt hatten, so sperrten die Frau von neben an und das halbe deutsche Volk die ihren nach den derben Lieblingsausdrücken des „Führers“ für Deutschlands Kriegsgegner auf: Lumpen, Falotten, Bolschewiken, Plutokraten. Die Frau von nebenan zog ihre Nutzanwendung daraus, ging ihr eine tobende Kinderschar – die ihren eingeschlossen – auf die Nerven, konnte ihr schon einmal ein wütendes „Haltet's die Goschen, ihr Bolschewiken!“ herausrutschen.

Manche Reden Hitlers versetzten uns in das merkwürdige Gefühl, einem Volk anzugehören, das von der Vorsehung dazu bestimmt war, die verrottete Welt in Ordnung zu bringen. Wir fühlten uns insgeheim ein wenig überfordert, fast beschämt vom Vertrauen, das der „Führer“ in uns setzte. Eben hatten wir noch beim Juden auf Borg und bei dem als Wanderhändler herumziehenden Zigeuner eingekauft, unter löchrigem Barackendach kaum besser als diese in ihrer Wagenburg in der Bach-Au gehaust. Auf einmal waren wir Herrenmenschen. Es verunsicherte uns wie unverdientes Lob, das von den Musterschülern einer

Klasse auch auf die Nieten abfällt. Es konnte ja möglich sein, dass wir Ostmärker gar nicht als vollwertige Herrenmenschen gezählt wurden. Einigen Leuten, die aus dem Altreich gekommen waren, um zuerst einmal bei uns die Welt in Ordnung zu bringen, unterstellte man den Ausspruch: „Die Ostmark ist ja ganz schön, wenn nur die Ostmärker nicht wären." In ihrem Inneren begannen sich manche nach außen hin noch immer Begeisterung heuchelnde Hitleranhänger zu fragen, ob es nicht vielleicht doch klüger gewesen wäre, wenn wir allesamt Österreicher geblieben wären.

Solche Zweifel wurden vorerst vom Siegesjubel übertönt. Besonders laut war er nach einer Ansprache des „Führers". Wer ihr hatte beiwohnen dürfen, brüllte im Chor die eingeübten Sprüche: „Wir danken unserm Führer", „Ein Volk, ein Reich, ein Führer", zum Schluss das übliche dreifache „Sieg Heil" und dann noch ein paar Lieder, „Führer befiehl, wir folgen dir", zum Beispiel, bis endlich das „Deutschlandlied" den Schwebezustand der Ekstase beendete.

Manche Aussprüche des Führers wurden auch im Schulunterricht verwendet. Auf die erste Seite des Reichskundeheftes der letzten Hauptschulklasse schrieben wir: „Hitlers Ziel heißt: Der nationale Staat auf Grundlage der Volksgemeinschaft. Zu ihm kam Hitler im lebensvollen Kampf ums tägliche Brot und inmitten einer körperlich wie seelisch verlumpten Welt. Die Erkenntnis gaben: Das Judentum, der Niedergang des deutschen Volkstums und das Arbeiterelend."

Außerhalb der Grenzen Großdeutschlands und seiner engsten Verbündeten war die Welt verlumpt, der Osten von Untermenschen bevölkert. In den Kriegsberichten der Kino-Wochenschau wurden sie uns gezeigt, der „Abschaum der Menschheit", stumpfe Mongolengesichter, verdreckte Gestalten in zerfetzten Uniformen, kaum menschenähnlich. Jeder von uns musste nach seinen Kräften zum Sieg über sie beitragen. Dazu gehörten auch die unzähligen Sammelaktionen, zum Beispiel fürs WHW, das sogenannte Winterhilfswerk, das die Soldaten mit warmer Kleidung versorgen sollte. Dazu gehörten auch die Panzerschichten in den Fabriken, für die nichts bezahlt wurde, das Abliefern von Altkleidern oder von Skiern. Die Skier wurden von den im hohen Norden, im eisigen Russland kämpfenden Soldaten dringend benötigt.

Beim Reichskundeunterricht erfuhren wir, dass der Lebensraum „unseres" Volkes schon immer im Osten gelegen war. Im Übrigen hielten wir uns nicht lange in der Vergangenheit auf. Nur bei einigen wichtigen Ereignissen und Persönlichkeiten verweilten wir ausführlicher. Bei Hermann dem Cherusker, der es den Römern im Teutoburgerwald tüchtig gegeben hatte. Bei Karl dem Großen, der schon vor mehr als tausend Jahren das heutige Frankreich zu seinem Reich gezählt hatte. Beim Städtebauer Heinrich, beim rotbärtigen Friedrich Barbarossa und natürlich bei Friedrich dem Großen. Sie erschienen uns wie die Urväter des „Führers", der aller Tugenden in sich vereinigte. Bei Adolf Hitler verweilten wir am längsten. Aus tiefstem Schaf geweckt, hätten wir, danach gefragt, seine Lebensdaten wie aufgezogene Automaten herausgespuckt.

Durch statistische Daten wurde der Unterricht aufgelockert und illustriert. Wir notierten: Der Volksgemeinschaft kosten täglich: jeder Krüppel und Blinde 5 bis 6 Reichsmark, jeder Geisteskranke 4 RM, jeder Verbrecher 3,50 RM. Und es verdienen manche Arbeiter und Angestellte 2,50 bis 3,50 RM. Dann ein Führer-Zitat: „Die Sünde wider Blut und Rasse ist die Erbsünde der Welt." Damit wir kapierten, was darunter zu verstehen war, erläuterte die Aufzählung der Nachkommenschaft einer trunksüchtigen Frau aus dem Jahre 1810 die Folgen der Sünde wider das Blut: 181 Dirnen, 142 Bettler, 76 schwere Verbrecher, 7 Mörder, 40 Armenhäusler. Ergibt zusammen 446 Minderwertige. Ihre Sippe kostete den Staat in drei Generationen 5 Millionen Reichsmark für Erbkranke; für die Verwaltung im Reich, in den Ländern und Gemeinden 779 Millionen Mark.

Die Frau aus dem Nebenhaus schlug die Hände über dem Kopf zusammen, als ihr diese Zahlen vor Augen kamen. „Gott sei Dank", sagte sie, „dass der Adolf reinen Tisch gemacht hat und mit den unnützen Fressern abgefahren ist."

Neben Reichskunde, Mathematik, Chemie, Physik, Geographie und was wir sonst noch im späteren Leben nötig haben würden, lernten wir in der Schule auch, was uns gegenwärtig nutzen sollte. Zum Beispiel das Unschädlichmachen von Stabbrandbomben. Englische und amerikanische „Terrorflieger" warfen sie auf die deutsche

Zivilbevölkerung herab. Hatte ein solches vieleckiges Ungetüm das Dach durchschlagen, galt es, die Bombe so rasch als möglich mit Sand abzudecken, ehe sie in der Mitte durchglühte und ihren Feuerregen rundum zu verspritzen anfing. Dazu mussten auf jedem Dachboden Eimer mit Sand und Wasser bereitgestellt werden. Der Luftschutzwart kontrollierte sorgsam, ob die Anordnung auch genau befolgt wurde.

Um herauszufinden, ob wir begriffen hatten, worauf es im Ernstfall ankam, hatten wir einen Aufsatz über einen Fliegerangriff zu schreiben. Wir hatten bis dahin noch keinen erlebt, es blieb unserer Phantasie überlasen, niederzuschreiben, wie mutig und besonnen wir uns in dem angenommenen Fall verhalten hatten. Die Aufsätze wurden vorgelesen. Jeder kam mit seinem Werk an die Reihe. Was wimmelte es da von Heldentaten! Auch ich lies die Sirenen heulen, die Flak feuern, die Bomben pfeifen. Doch in angemessener Entfernung. Das enthob mich der Aufgabe, auf dem Dachboden, den ich wegen der dort hausenden Mäuse und Kreuzspinnen schon unter normalen Umständen, wenn es irgendwie möglich war, mied, eine eingeschlagene Brandbombe zu bekämpfen. Mir war ein Schluss eingefallen, den ich unter allgemeiner Zustimmung meiner Mitschüler vorlas: „Als wir am nächsten Morgen zur Schule kamen“, hatte ich geschrieben, „erlebten wir eine freudige Überraschung. Ein Volltreffer hatte sie in Trümmer gelegt. Der Direktor schickte uns nach Hause. So kamen wir unerwartet zu einigen Ferientagen.“

Mein Aufsatz erntete bei den Buben Lachen und Beifall. Mir trug er eine strenge Rüge der Deutschlehrerin ein. „Dein Aufsatz hört sich zwar lustig an, aber für den Inhalt kriegst du einen Fünfer. Das wird nicht geschehen, dass wir uns durch den Feind vom Lernen abhalten lassen.“

Wie unrecht sie hatte! Eine der ersten Bomben, die bei uns niedergingen, traf eine Schule. Sie sank gleichzeitig mit der Bedürfnisanstalt in Trümmer, an deren Stelle am folgenden Tag die Tafel mit dem denkwürdigen Vers von den dreißig Jahren ungestörter Stuhlentleerung Hermann Göring zum Lügner stempelte.

Aus den Fliegern wurden außer Spreng- und Brandbomben auch Käfer herabgeworfen. Sie sahen wie Zuchthäusler aus. Gelbes Flügelkleid mit schwarzen Längsstreifen. Verbrecher waren es auch. Sie fraßen die Blätter von den Erdäpfelstauden. Sie wurlten auf den ausgedehnten Erdäpfelfeldern, in die der größte Bauer im Ort seine Kuhweiden umgewandelt hatte. Kinder und Erwachsene, wer eine Hand frei hatte, wurde ausgeschickt, die Schädlinge einzusammeln. Der Feind hielt uns schon wieder vom Lernen ab.

Gegen Ende meines letzten Hauptschuljahres fragte der Vater die Mutter, was er mich fragen hätte sollen. „Was sollen wir den Buben lernen lassen?“ Die Mutter hob die Schultern. Von ihr war auch kein vernünftiger Vorschlag erwartet worden. Der Vater hatte längst entschieden. „Wir schicken ihn in die Werksschule. Dreher oder Hobler oder etwas ähnlich Leichtes, dafür wird er es schon tun.“ Mich zum Elektriker ausbilden zu lassen wie den Bruder, das schien ihm für mich zu hoch gegriffen und viel zu gefährlich. Zerstreut und abgelenkt, wie ich häufig war durch Wagner-Getöse und Mozart-Gefiedel, hätte ich bestimmt irgendwann in die Stromleitungen gegriffen.

Ich hatte mich umsonst angestrengt, der Mutter bei der Küchenarbeit an die Hand zu gehen. Es wäre in normalen Zeiten als ausbildungswürdige Neigung anerkannt worden. Aber an Köchen oder an Zuckerbäckern, deren Tätigkeit mir noch verlockender erschien, war kaum Bedarf. Um Stammgerichte herzustellen, brauchte man nicht viel zu lernen. In den Zuckerbäckereien waren die feinen Kuchen und Cremeschnitten längst derbem Kommissbrot, fad schmeckenden Laibchen gewichen, die, mit Marmelade dünn bestrichen und mit Hagelzucker bestreut, den Namen Konditorei rechtfertigen sollten. Statt Mehl, Butter, Eier, Zucker und Milch zu duftendem Gugelhupf zu mischen, lernte ich den Umgang mit Feile, Schaber, Bohrer und Drehmesser. Die Mutter entließ mich nicht völlig aus dem Küchendienst. „Du schälst mir die Erdäpfel“, befahl sie, „du hackst mir die Zwiebeln, aber recht fein, du seihst mir das Mehl, ich glaub, da sind schon wieder ein paar Würmer drin, du klaubst mir die Linsen aus, du putzt mir den Salat.“ Sie nützte meinen Wunsch, den vollen Töpfen, so oft es ging, nahe zu sein, um mich zu untergeordneten Handlangerdiensten zu veranlassen. Doch wurde ich dabei nach und nach auch in einige Geheimnisse der Kochkunst eingeweiht.

Kochen verdiente damals mehr denn je das Prädikat „Kunst“. Es verlangte Einfallsreichtum und Phantasie, aus den wenigen verfügbaren Grundsubstanzen durch immer neue Kombinationen und Mengenmischungen abwechslungsreiche Gerichte auf den Tisch zu bringen. Was in dieser Zeit weibliche Erfindungsgabe aus einfachsten Zutaten an neuen Speisen zauberte, darf gleichwertig neben die großen Erfindungen der Männer gestellt werden. Was war schon ein Torpedo gegen Mutters Erdäpfelkuchen? Was die stärkste Mine gegen ihre Fleischleibchen aus einer Hand voll Faschiertem, drei Hand voll Haferflocken, angerösteter Zwiebel, Knoblauch, Thymian und Majoran? Wie schmeckten ihre Suppen aus Brotresten, Kümmel, geriebener Muskatnuss, wie ihre Aufstriche aus Ziegenmilchtopfen, Schnittlauch, Paprika, sparsamen Prisen aus ihren Gewürzdosen. Wie verstand sie es, die Nussfülle der Feiertagskuchen, kaum dass man's merkte, mit Johannisbrot und Bröseln zu strecken. Nicht einmal viele Jahre später, als es längst nicht mehr notwendig war, ließ sie davon ab. Selbst der Kaffee aus Eicheln, von uns im Wald gesammelt, von ihr in einer großen gusseisernen Pfanne geröstet, erschien uns wie echter. Und erst die Schokolade zum Behängen des Christbaums! Schon zur Barackenzeit war sie selbst hergestellt worden, aus Kokosfett, Kokosflocken, Kakaopulver und Zucker. Eine Zutat musste der Himmel selbst beisteuern: den Schnee. Kühlschränke gab es weit und breit keine. Die flüssige Schokomasse bedurfte zum Erstarren in den zarten Metallformen des Kühlmittels, das die Natur uns lieferte.

Gelang es der Mutter Phantasie, unseren Gaumen zu täuschen, so gelang es ihr nicht immer, unseren Wolfshunger zu stillen. Je näher der Endsieg angeblich rückte, desto knapper wurden die Zuteilungen auf den Lebensmittelkarten. Es gab Karten für unterschiedlichste Ansprüche. Auf der Kleinst- und Kleinkinderkarte durften mehr Milch, Zucker und Grieß bezogen werden als auf jener für Normalverbraucher. Schwer- und Schwerstarbeiterkarten berechtigten zu größerem Fett- und Fleischkonsum. Die einzelnen Kartenabschnitte mussten abgetrennt werden. Der Kaufmann klebte sie auf große Bögen, dafür bekam er seine Zuteilungen. Soldaten mussten ihren Urlaubsschein vorlegen, wollten sie währen eines Aufenthalts in der Heimat nicht hungern. Zusätzlich stellte sich der „Führer" mit einer Lebensmittelgabe ein. Weit war es gekommen. Das Brot im Überfluss, das er versprochen hatte, war zu kümmerlichen Rationen geschrumpft.

Es gab Wege, die strenge Lebensmittelbewirtschaftung zu umgehen, sich hintenherum Mehl, Brot, Fleisch, Zucker zu beschaffen. Wer genug Geld hatte, zapfte geheime Warenlager an. Für die anderen gab es einen mühsameren Ausweg. Der hieß, wie der nächste Abschnitt: Hamstern.

Hamstern

Die Mutter holte den Hochzeitsanzug des Vaters aus dem Kleiderschrank. Sie bürste den Staub heraus, legte ihn zusammen, verstaute ihn in meinem Rucksack. „Versuchst halt, soviel wie möglich dafür herauszuschlagen. Ist noch kaum verschlissen, der Vater hat ja vor lauter Arbeit nur selten Gelegenheit gehabt, ihn zu tragen."

Ich schulterte den Rucksack.

„Am besten Schmalz, Mehl, Eier. Ein Stück Fleisch müsst auch noch herausschauen und ein halber Laib Bauernbrot."

Ich nickte, griff nach der Tür.

„Und wenn nicht von allem etwas, dann wenigstens vom Übrigen genug. Lass dich nur nicht hereinlegen, halt dich an die Frau Lintschi. Und jetzt lauf, sie wartet schon, sonst fährt euch noch der Zug vor der Nase davon."

Frau Lintschi, die mich hin und wieder zu einer Hamsterfahrt mitnahm, war „um fünf Ecken" mit uns verwandt. Sie verstand es, für sich und ihren Ehemann, einen Glasermeister, die Lebensmittelrationen durch Hamstern tüchtig aufzubessern. Das war ihr auch anzusehen. „Die Lintschi hat einen Hintern wie eine Rein um tausend Gulden", pflegte der Vater ihr Sitzfleisch zu beschreiben. Er verdächtigte sie, Fleisch, das sie in der Freibank für ihre beiden Zwergpudel einkaufte, kaltblütig dem Glasermeister vorzusetzen und dabei auch selbst mitzuhalten. Als die Schweine eines Landwirts, bei dem sie hin und wieder aufkreuzte, an Rotlauf erkrankten und notgeschlachtet werden mussten, aß sie auch von deren Fleisch. Der Bauer vergrub die Tiere für einige Zeit im Lehmboden. Das zog die kranken Stoffe heraus. Er ließ Frau Lintschi gegen einige Platten Fensterglas einen saftigen Schweinsrücken zukommen. Frau Lintschi überlistete sogar den stammen Herrn E. Trug sie erhamsterte Milch nach Hause, schlug sie einen weiten Umweg ein. Sie kam dem Hamstererschreck aus einer unverdächtigen Richtung entgegen. „Heil Hitler, Herr Zellenleiter!“ grüßte sie ihn scheinheilig. Sie hob sogar die rechte Hand zum Gruß. Das war nicht einfach. Sie trug eine zugestoppelte Flasche Milch eng am Körper. Genau gesagt, zwischen zwei ähnlich mächtig wie ihre Hinterpartie ausladenden Körperteilen. Ihr Mieder hielt sie fest. Dorthin wagte selbst Herr E. nicht zu tappen. „Treib es nicht zu bunt“, warnte der Glasermeister sein Weib. „Mich erwischt er schon nicht“, gab Frau Lintschi sich sicher. Und setzte verächtlich hinzu, „dieser Schrumpfgermane.“

Auf unseren Hamsterfahrten grasten wir das halbe Steirerland ab. Manchmal gelangten wir bis in die Gegend von Jennersdorf. Das Burgenland war damals kein eigener „Gau“, der nördliche Teil war „Niederdonau“, der südliche der Steiermark zugeschlagen worden. Um Österreich gründlich auszulöschen, war Niederösterreich in „Niederdonau“ umbenannt worden und Oberösterreich hieß im Hitlerreich „Oberdonau“.

Wir brachten den Bauern, woran es ihnen mangelte: Kleider, Hausrat, Handwerkszeug und was sie zum Ausbessern ihre Gerätschaft brauchten. Der Vater flickte altes

Schuhwerk zu stattlichen Tretern zusammen. Die waren sehr gefragt. Als Erlös für unsere Waren boten uns die Bauern Naturalien aus ihrer Landwirtschaft, Der „Billige Franz“ fiel mir ein, nur der Bauchladen fehlte uns, ihm ähnlich zu sein.

Diesmal stiegen wir bereits in Frohnleiten aus dem Zug. Wir schlugen den Weg auf den Rechberg ein. Eine Schotterstraße war es, gewunden stieg sie durch den Wald hinan. Wir schnitten ihre Kehren über Hügel und Mulden ab. Ein weiter Marsch lag vor uns. Notfalls wollten wir uns bis Passail hinüber um Interessenten für unsere Schätze durchfragen. Hatten wir Glück, konnten wir am späten Nachmittag schon wieder auf dem Bahnhof sein.

Im näheren Umkreis von Bahn und Straße waren die Bauernhöfe von Hamsterern überlaufen, wir versuchten gar nicht, unser Zeug schon dort an den Mann zu bringen. Ein steiler Hohlweg führte uns den Rechberg hinauf. Es war Frühling, in den Bäumen riefen die Vögel, die Sonne warf helle Bänder über den Weg. Zur gewohnten Vormittagsstunde tauchten am Himmel die Bombergeschwader auf. Uns machten sie keine Angst, wir waren von ihren Zielen weit entfernt. Hätten wir geahnt, wie der Krieg ein knappes Jahr später in dieses abgelegene, stille Berggebiet hineinschlagen würde, wir wären nicht so sorglos und gelassen dahingewandert.

Frau Lintschi besaß den sechsten Sinn. Er lenkte ihren Schritt von der Passhöhe einen Seitenpfad hinab, einem versteckten Bauernhof zu. Witternd hob sie die Nase. Sie roch, dass auf dem Hof etwas zu holen war.

Die Bäuerin lief uns aufgeregt entgegen, beruhigte sich, als sie sah, dass wir nur harmlose Hamsterer waren. Sie winkte uns mit. „Weil ihr schon einmal da seid, kommt's halt herein. Aber Maul halten, das müsst ihr versprechen." Wir versprachen es, ohne zu wissen, worüber uns Schweigen auferlegt war. Doch erfuhren wir es gleich. Der Bauer und ein paar Helfer aus der Nachbarschaft hatten ein Schwein „schwarz" geschlachtet. Er hatte es der alle paar Wochen vorgenommenen Viehzählung in einem sicheren Versteck vorenthalten. Schlachtungen waren anzumelden und mussten genehmigt werden. Die Abliefervorschriften waren streng. Den Bauern wurde genau vorgeschrieben, wie viele Tiere sie zur Versorgung der auf ihrem Hof hausenden Menschen schlachten durften. Wer dagegen verstieß, wurde bestraft. Es sei denn, er stopfte dem Ortsbauernführer oder dem sonst dafür zuständigen Bonzen mit einem genügend großen Stück Fleisch den Mund. Es wurden allerdings über Wiederholungstäter sogar Todesstrafen verhängt und vollzogen. Zur Abschreckung, wie es hieß.

Das geschlachtete Tier hing mit Nägeln in den Füßen an der Scheunenwand. Die Männer waren schwitzend und mit der hastigen Eile, die Unerlaubtes hervorruft, am Ausweiden und Zerlegen der Sau. Im Hof stank es nach Gedärmen, nach Blut, nach dem dampfenden Wasser in einem großen Holzbottich. Darin waren dem Tier mit Eisenketten die Borsten von der Haut geribbelt worden.

Die Bäuerin hockte sich wieder auf ihren Schemel und rührte in einem Häfen, um das darin aufgefangene Blut während des Abkühlens am Stocken zu hindern. Frau Lintschi puffte mich in die Seite. „Freu dich“, flüsterte sie, „da kriegen wir einen saftigen Bluttommerl.“ Ich freute mich, wie ich mich über alles Essbare freute, wenngleich mir das Verkochen von Schweineblut nicht ganz geheuer war.

Dem Bauern fiel ein Stein vom Herzen. Besser hätten wir es nicht treffen können. Der Schreck macht manchen Leuten schwache Knie und ein weiches Herz. Er probierte den Hochzeitsanzug, er passte wie angemessen. Mit dem Tranchieren noch nicht fertig, wollte er gar nicht mehr herausschlüpfen.

Die Bäuerin lud uns in die Stube ein. Sie rührte Mehl ins Blut, schlug ein paar Eier dazu, gab Salz und andere Gewürze ins Gemisch. Sie goss es in eine gefettete Pfanne und schob den Tommerl zum Ausbacken ins Ofenrohr. Bis es soweit war, blieb noch Zeit. Sie holte einen Krug Apfelmost aus dem Keller, einen halben Laib selbstgebackenes Brot aus der Vorratskammer, um unseren ersten Hunger zu stillen. Sie goss den Most in eine weite Schüssel, süßte ihn mit Sacharin, Zucker gab es ja schon nicht mehr genug, und hieß uns, große Brotschnitten hineinzuschneiden. Wir löffelten. Das schmeckte. Mein erstes steirisches Mostbrot. Ein leichter Nebel legte sich um meinen Kopf.

Die Bäuerin freute sich über den schönen Anzug meines Vaters, über die Schätze, die Frau Lintschi aus ihrem Rucksack hervorholte. Kleider für die Kinder, Kittel und Bluse für sie, für den Bauern einen Packen Hunderternägel, eine Hand voll Messingschrauben und als wertvollstes von allem ein paar Platten Fensterglas. Sorgfältig in Zeitungspapier eingewickelt und zwischen die Kleider gesteckt, hatten sie den weiten Weg heil überstanden. Der Glasermeister hatte das Glas im Werk „organisiert“, so hieß es damals, wenn man sich in den Besitz einer Sache setzte, die einem nicht gehörte.

Als die Männer mit ihrer Arbeit fertig waren, war auch der Bluttommerl knusprig ausgebacken. Wir langten tüchtig zu. Die Bäuerin eilte mit dem Mostkrug herbei. „Der hilft dem Magen die fette Kost verdauen“, belehrte sie mich. „Trink nur und greif zu!“, forderte der Bauer mich auf. Sobald ich mein Glas zur Hälfte geleert hatte, goss er es schon wieder voll. Die Bäuerin häufte die fetttriefenden, dunkelbraunen Fladen auf meinen Teller. Ich aß wie ein Drescher und trank wie ein Bürstenbinder. Frau Lintschi trat mir unter dem Tisch gegen die Beine. „Sauf nicht wie ein Loch“, zischte sie mir zu. „Da wirst du keinen guten Tausch machen, wenn du einen Rausch kriegst.“

Den hatte ich schon. Auf einmal drehten sich der Bauer, seine Helfer, die Bäuerin, sogar die dicke Frau Lintschi wie im Tanz um mich herum. Es verlangte mich dringend ins Freie. Mein Kopf war schwer wie eine Eisenkugel. Ich suchte einen Platz, um mich hinzulegen. Im Hof stand ein Leiterwagen, auf den kletterte ich, streckte mich aus und fiel augenblicklich in eine tiefe Mostnarkose. Was rührte es mich, dass der Bauer mit dem Wagen zuvor Stallmist und hernach Mauerziegel geführt hatte.

Am nächsten Morgen kam ich wieder zu mir. Frau Lintschi schalt mich aus. „Daheim werden sie denken, die Gendarmen haben uns geschnappt. Jetzt aber auf und fort."

Der Bauer hatte in meinen Rucksack ein Säckchen Mehl, ein Einsiedeglas voll Schmalz, einen halben Laib Bauernbrot und auf Frau Lintschis Drängen auch noch zehn Eier getan. So billig waren damals die Hochzeitsanzüge.

Frau Lintschi war mir nur zum Schein böse. Während ich mich nüchtern schlief, fand sie Gelegenheit, ausgiebig bei den guten Speisen mitzuhalten, die es nach einer Schlachtung auf einem Bauernhof gibt. Daneben wickelte sie ihr Tauschgeschäft ab und schlug dabei, unter leiser Erwähnung der uns wegen der Schwarzschlachtung auferlegten Schweigepflicht, soviel heraus, als nur möglich war.

Ich verbreitete einen starken Geruch um mich, genau gesagt, ich stank entsetzlich. Rundum war ich wie ein Wienerschnitzel einpaniert, aber nicht in Ei und Brösel, sondern in Stalldung und Ziegelstaub. Auf dem stundenlangen Weg zum Bahnhof verflüchtigte sich der Duft ein wenig, aber er reichte noch hin, die Leute von mir fernzuhalten. Frau Lintschi schaffte mich nicht einmal in der Eisenbahn von ihrer Seite. Die Fahrgäste überließen uns meinetwegen in dem überfüllten Zug die besten Fensterplätze. Zu guter Letzt schenkte sie mir noch ein Stück von dem frischen Schweinernen, das sie dem Schwarzschlächter als Bußgeld fürs Maulhalten abverlangt hatte.

Nur selten verliefen Hamsterfahrten so nahrhaft, einträglich und unterhaltsam wie diese. Spät im Herbst desselben Jahres lief ich mit einem Soldaten auf Urlaub von Gleisdorf über Sinabelkirchen bis in ein Dorf hinter Ilz. Es erging mir wie einem kurzbeinigen Hund, der mit dem marschgewohnten Schritt seines langbeinigen Herrn nur mühsam mitzuhalten vermag. Bei einem Tabakbauern tauschten wir Werkzeug und Stiefel gegen zwei Rucksäcke voll mit getrockneten Tabakblättern. Im leise einsetzenden Schneefall stapften wir den weiten Weg zurück zum Autobus in Gleisdorf. Im Schneetreiben schnaubte er die Ries hinauf. Oben senkten schwere Wolken einen glitzernden Pelz auf Wald und Straße. Auf abgefahrenen Reifen schlitterte der Bus die Kurven hinunter bis zur St. Leonharder Maut. Durchnässt und halb erfroren drängten wir uns in die Straßenbahn, rumpelten zum Bahnhof, erreichten den Spätzug nach Hause. Den Grazer Hauptbahnhof sahen wir damals zum letzten Mal in seiner alten Pracht. Mir erschien er stets wie ein Konzertsaal, nur die Wagner-Musik ging mir ab. Wenige Tage darauf verwandelten Sprengbomben die Herrlichkeit in einen Schutthaufen.

Der Vater war mit der Zubuße zu seiner Raucherkarte zufrieden. Dem Fronturlauber hat der Tabak bis ans Ende seines Lebens gereicht. Kaum an seinen Einsatzort zurückgekehrt, ist er gefallen.

Von einer anderen Hamsterfahrt kehrten wir mit leeren Händen zurück. Wir unternahmen sie ein Jahr nach dem Kriegsende. Die Lebensmittelzuteilungen waren wieder einmal auf einen Tiefpunkt gesunken. Ein Gerücht weckte Hoffnung. In Kärnten, hieß es, hätten manche Bauern riesige Erdäpfelvorräte gelagert. In Erdmieten, Fruchtgruben im Freien. Das waren tiefe Ackerfurchen, in die man die Erdäpfel schüttete, sie mit Reisig abdeckte und darüber Erde häufte. So hielten sie sich bis weit ins nächste Jahr frisch. Wir fuhren nach Treibach-Althofen. Diesmal war die Mutter mit uns. Sie hatte Zeit. Mit der Hasen- und Ziegenzucht war es längst vorbei. Die Futterwiesen waren zuerst von der Besatzungsarmee mit ihren Geschützen zerfahren und von Soldaten zertrampelt worden, dann kamen sie an neue Eigentümer.

Nach langem Herumfragen gelangten wir an einen Landwirt, der über eine solche Miete verfügte. Er lachte über das schäbige Paar Stiefel, für das wir unsere Rucksäcke mit Böhms oder Sieglinde oder welcher Sorte immer gefüllt haben wollten. „Habt's nix Gescheiteres?", fragte er. „Einen Teppich für den Saustall", grinste er scherzend. Wir verneinten. „Da könnt ihr gleich heimfahren. Für die ausgetretenen Latschen gibt euch keiner was."

Doch dann hob er den Kopf. Er hatte etwas entdeckt. Die goldene Uhr am Handgelenk der Mutter. Sie hatte die Uhr zur Firmung von ihrer Großmutter erhalten. Sie war ihr ans Herz gewachsen wie ein Kind, um das man seine Not ausgestanden hat. Zur Russenzeit versteckte sie die Uhr jeden Tag an einem anderen Ort, um sie vor dem Zugriff eines Plünderers zu retten. Damals waren vielen Leuten die Uhren wie reife Äpfel von den Armen gepflückt worden. „Dafür könnt ihr eure Rucksäcke anfüllen“, beschied uns der Mann. Die Mutter kämpfte ein paar Minuten mit sich. Dann löste sie das Uhrband. „Hoffentlich ist sie auch echt“, meldete der Mann einen leisen Zweifel an. „So echt wie deine Erdäpfel noch lang“, sagte die Mutter bitter. Wir packten unsere drei Rucksäcke voll. Jeder schulterte einen, den dritten nahmen wir in die Mitte.

Der letzte Zug war schon weg. Wir kletterten für die Nacht in einen Viehwaggon. Ein wenig wärmte uns die Nähe der vielen anderen Erdäpfelhamsterer. Ich konnte nicht schlafen. Es war kalt im Waggon, einem Kriegsveteran, noch gezeichnet von den Einschusslöchern eines Tieffliegerangriffs. Die trockenen Sieglinde, die uns von der Frau des Bauern zur Wegzehrung gekocht worden waren, drückten mich im Bauch. Es war die Nacht auf den 1. Mai 1946. Keine Böllerschüsse begrüßten den Festtag der Arbeit, keine Blasmusikkapellen spielten ihn ein. Wir liefen uns mit geschulterten Rucksäcken, die wir keine Sekunde aus Händen oder Augen ließen, am Bahnsteig die Füße warm. Mit Ellbogengewalt erkämpften wir uns einen Platz im Zug, stellten unsere Rucksäcke hin, setzten uns darauf und ratterten den Neumarkter Sattel hoch. Kurz vor der Landesgrenze wurde der Zug auf offener Strecke angehalten. Soldaten Seiner Majestät, des Vaters der heutigen Königin von England, bestiegen die Waggons und requirierten die Erdäpfel. Obwohl die Steiermark wie auch Kärnten längst zur britischen Besatzungszone gehörten, durften die Erdäpfel nicht aus Kärnten weggebracht werden. In Wut und Trauer entleerten viele ihre Rucksäcke mit der kostbaren Ladung aus dem Fenster.

Um die Uhr ärmer und um keinen Erdapfel reicher kehrten wir nach Hause zurück. Der Vater verlor kein Wort über unseren Misserfolg. Er war froh, dass wir wieder daheim waren. Wir auch.

RIF = Ruhe in Frieden

„Räder müssen rollen für den Sieg, Räder müssen rollen für den Sieg." Aufgeregt wiederholte ich den Spruch auf dem großen Band über dem Bahnhofsgebäude. Der Bruder und ich warteten auf den Zug. Er rollte mit uns nicht für den Sieg, auch nicht zu einer Hamsterfahrt. Er rollte in die Oststeiermark, zu einem Besuch bei den Großeltern. Wie oft, kam er verspätet. Irgendwo war er aufgehalten worden, durch zerbombte Gleisanlagen, wichtigere Transporte, die vorgelassen werden mussten.

Es war frühmorgens, ziemlich kühl, schon irgendwann im beginnenden Herbst. Warum wir schulfrei hatten, ist mir entfallen. Der „Kohlenklau" schaute von einem Plakat auf uns herab. Eine dunkle Gestalt mit umgehängtem Sack. Jeder Brennstoffverschwender war ein Kohlenklau. Auf einem anderen Plakat ein Mann mit lauschend aufgesperrten Ohren neben einer Gruppe anderer. „Psst, Feind hört mit", stand darunter. Wer ausplauderte, was in seiner Fabrik erzeugt wurde oder wie es an der Front wirklich zuging, diente dem Feind. Er war ein Volksschädling. Von der Zeit vergilbt, ein weiteres. Ein stolzes Schiff auf hoher See. Urlaub mit KdF, „Kraft durch Freude", verhieß es. Irgendwann, wenn der Krieg aus war, würden wir vielleicht auch eine Schiffsreise unternehmen. Jetzt war schon die Eisenbahnfahrt nach Hartberg ein Erlebnis. Wir dehnten sie aus. Statt den kürzeren Weg über Graz und Fehring zu nehmen, wählten wir den weiteren über den Semmering und Wiener Neustadt. Wir waren noch nie auf dem Semmering gewesen. Der Umweg wäre uns beinahe zum Verhängnis geworden.

Endlich dampfte der Zug heran. Bei Sonnenaufgang erspähten wir zwischen den Fichtenwäldern die riesigen Burgen der Semmeringhotels. Eine Stunde später waren wir in Wiener Neustadt, eine weitere Stunde darauf im längsten Tunnel der Aspangbahn. Dort hinein hatte der Zug sich geflüchtet. Auf Wiener Neustadt hagelten Bomben.

Bei der Einfahrt hatten die Sirenen geheult. „Rasch umsteigen!" hatte die Stimme aus dem Lautsprecher gemahnt. „Sämtliche Züge fahren außerplanmäßig sofort ab." Wir hetzten über die Geleise, statt die Unterführung zu benutzen, erreichten mit Not die anrollende Garnitur der Aspangbahn. Schon dampften wir das Pittental aufwärts dem Wechsel zu. In den Stationen hielt der Zug nur kurz an. Am Himmel griffen die weißen Geisterfinger der Kondensstreifen nach Norden aus. In der Ferne rumorte es, das Donnern eines Gewitters, das sich weit weg entlud. Während wir in der Tunnelröhre die Gefahr abwarteten, krümmten sich auf dem Wiener Neustädter Bahnhof die Geleise unter den Bombeneinschlägen. Erdfontänen spritzten auf, Fabrikshallen stürzten ein, die Mauern von Wohnhäusern zerbröckelten zu Schutt, Menschen starben. In dieser Stadt der Flugzeugwerke verlor auch der ältere Bruder der Großmutter sein Häuschen. Als Eisenbahner hatte er es sich in vielen Jahren mühsam erwirtschaftet. In einer Sekunde war es „Führer, Volk und Vaterland" geopfert.

Wir trafen um einige Stunden verspätet am Zielort ein. Von den Bomben unversehrt, was mich anging, jedoch keineswegs mit heiler Haut. Schon vom frühen Morgen an hatten mich hüftabwärts Brennen und Jucken gepeinigt. Von Anna war ich lange weg, Läuse konnten es nicht sein. Nur der schöne Semmering und hernach die Aufregung des Fliegeralarms hatten mich ein wenig abgelenkt. Jetzt war es mit meiner Beherrschung vorbei. Ich riss mir die Kleider vom Leib, die Großmutter schlug die Hände über dem Kopf zusammen. „Ja Bub, um Himmels willen, du siehst ja aus wie eine Sau, die den Rotlauf hat!"

Rotlauf war es keiner. Die entzündete Haut war von meiner langen Zellstoff-Unterhose verursacht worden. Die Mutter hatte sie irgendwo im Tausch gegen Kaninchenfleisch oder Ziegenmilch erstanden. „Die ziehst du an", hatte sie befohlen, „es ist kalt, und wenn dich der Wind anbläst, bist du krank." Ich schlüpfte in das rupfige Zeug, nur die Drohung, täte ich es nicht, daheim bleiben zu müssen, ließ mich das Produkt deutschen Erfindergeistes ertragen. Es war eine Hose aus so genanntem Brennnesselstoff, die zur Winterausstattung der Soldaten gehörte.

„Herunter damit", sagte die Großmutter. Der Großvater überließ mir, gutmütig brummend, eine seiner leinernen Gatehosen. Sie war mit Bändern um den Bauch und an den Beinen zu verschnüren, aber sie fühlte sich wie Samt an. Der Bruder lachte mich aus. Er war mit unempfindlicher Haut gesegnet, derbe Stoffe konnten ihm nichts anhaben. Bis auch ihn die Läuse erwischten.

Mit der Gatehose fuhr ich nach Hause. Entkam künftig, wenn auch ein paar Mal nur um ein Haar, dem Zwang, mich neuerlich in ein solch schundiges Ersatzprodukt kleiden zu müssen.

Anderem Ersatz entging ich nicht. Einer weckt noch heute in mir Schauder und Grausen. Die deutsche Einheitsseife RIF. Das Prägzeichen in der Mitte verwies auf den Hersteller: Reichs-Industrie-Fettverwertung. Es war ein grünliches, leicht sandig anzufühlendes Erzeugnis. Von der Reichs-Industrie-Fettverwertung wussten wir nichts. Das RIF auf der Seife deuteten wir als „Ruhe in Frieden". Niemand unter uns glaubte im Ernst, was, auf die Seife gemünzt, als „Witz" herumerzählt wurde. Die RIF-Seife sei aus dem Fett der getöteten Juden hergestellt. Hätten wir es für Wahrheit gehalten, keiner hätte die Seife angefasst. Wir wuschen uns täglich damit Hände, Hals und Gesicht. Von Auschwitz, Birkenau, Theresienstadt wussten wir damals noch nichts. Nichts von den Menschen, die als Rauch zum Himmel stiegen, nachdem ihnen zuvor zwecks anderwärtiger „Verwertung" die Goldzähne herausgebrochen, das Haar abgeschoren worden war.

Der Großvater war für den Verschub bei der Eisenbahn zu alt geworden. Er half aber noch als Taglöhner bei den Bauern aus. Es gab Not an Männern, viele Höfe wurden von Frauen und Kindern, von Kriegsgefangenen und Zwangsarbeitern bewirtschaftet. Auch auf das Ausbessern schadhaft gewordener Strohdächer verstand er sich. Noch mit siebzig kletterte er auf den abschüssigen Giebeln alter

Bauernhäuser herum. Mit geschickter Hand flocht er Strähnen aus Stroh in die vom Hagel geschlagenen, vom Moder der Zeit ausgefressenen Löcher. Er nahm kein Geld. Er verlangte Naturalien. Auch die Großmutter, die bei der Heumahd half, beim Erdäpfelanhäufeln, beim Unkrautzupfen, beim Garbenbinden, hielt es so. Mit dem Mehl, dem Schmalz, den Eiern buk sie feine Kuchen, schickte sie ihren Söhnen an die Front. Einiges fiel auch für uns ab. Und regelmäßig versorgte sie ihre alte Schwester in Wien. Die Großeltern hatten vier Söhne im Krieg, es wären fünf gewesen, hätte nicht der eine vor langer Zeit in einem unglücklichen Augenblick das Rasiermesser des Vaters erwischt. Die Großmutter war ohne Unterlass mit Backen, Briefeschreiben, Feldpostpäckchen-Einwiegen, -Beschriften und -Aufgeben beschäftigt. Genaue Regeln waren dabei einzuhalten. Jeder Soldat der Deutschen Wehrmacht erhielt einmal im Monat eine Zulassungsmarke, die ihn zum Empfang eines Feldpostpäckchens berechtigte. Die Marke musste er seinen Angehörigen senden, die nur unter deren Vorweis ein Paket aufgeben durften. Das erlaubte Höchstgewicht war ein Kilo, in Stufen ging es bis auf zehn Dekagramm herab. Die Großmutter steckte in die Pakete selbstgebackenes Brot, Lebkuchen, Linzerschnitten. Nicht der beste Konditor vermochte solche in gleicher Qualität herzustellen. Sie buk ja in alles ihre Liebe hinein. Hie und da hatte daneben auch noch ein Stückchen Speck oder Selchfleisch aus dem Naturalienerlös fürs Strohdachdecken und für die Feldarbeit Platz.

Während sie Briefe schrieb, buk, Pakete verschnürte, damit auf die Post lief, las der Großvater. Es war sein liebster Zeitvertreib. Die Großmutter hielt es für ein Laster. Er werde sich noch einmal einen Augenschaden dabei holen, zürnte sie. Es giftete sie, dass er, statt mit ihr zu reden oder ein wenig zu zanken, was sie frisch hielt, die Nase in Bücher steckte. Der Großvater las alles, was ihm unter die Hände kam. Oft zwei, drei Mal, wenn der Nachschub fehlte oder die Großmutter diesen heimlich beseitigt hatte. Er las auf dem Abort, in der Holzhütte, an der Hinterseite des Hauses. Er versteckte seine Lektüre an den unmöglichsten Orten, im Hasenstall des Nachbarn, hinter dem Sauerkrautfass im Keller. Wir hatten ihm, ohne Wissen der Großmutter, einige Kriegstagebücher und ein paar unserer Schundhefte mitgebracht. Wir steckten sie ihm hinter dem Rücken der Großmutter heimlich zu. Da leuchtete sein Gesicht vor Freude. Er lief, sein Glück zu vervollkommnen, um seine Pfeife. Suchte sie überall – und schmauchte dabei doch schon längst daran. Ich glaubte lange Zeit, der Witz von dem Mann, der mit der Pfeife im Mund das ganze Haus verzweifelt nach dieser absucht, sei über unseren Großvater aufgebracht worden.

An einem Tag während unserer Anwesenheit traf ein Feldpostbrief bei den Großeltern ein. Ein Onkel hatte ihn von der Ostfront geschrieben. Er verbrämte seine Berichte über das Soldatenleben mit Späßchen. Sie sollten den Eltern Hoffnung geben, es sei schon nicht alles so schlimm draußen, an der Front. „Sorgt euch nicht um mich“, schrieb er ans Ende seiner Briefe, „eine jede Kugel trifft ja nicht.“

Dann traf ihn doch eine. Er war beim Nachrichtentrupp, flickte zerfetzte Leitungen, befestigte sie auf provisorisch aufgestellten Masten. Ein Scharfschütze erspähte ihn. Der Onkel fiel vom Mast. Es war ihm nicht viel passiert. Ein Streifschuss am Gesäß. Er verhalf ihm zu einigen Tagen Feldlazarett. Im nächsten Brief schrieb er: „Es geht mir schon wieder gut. Zum Glück hat es kein edles Organ erwischt.“

Gegen Ende des Krieges konnte die Großmutter ihren Söhnen keine Päckchen mehr schicken. Sie waren in Gefangenschaft, vermisst oder an anderen, für die Post unerreichbaren Orten. Mitten im Bombenhagel fuhr sie nach Wien, um wenigstens ihrer Schwester noch etwas zukommen zu lassen. Die „Pepi-Tant“ war über achtzig, lebte allein und war durch Krankheit hilflos. Als einzigem Kind war vom Sängertalent ihrer Mutter etwas auf sie gekommen. Aus Sympathie für ihre steirische Verwandtschaft stimmte sie, wo sich eine Gelegenheit bot, den Erzherzog-Johann-Jodler an.

Als das „Tausendjährige Reich“ in Schutt und Trümmern lag, konnte die Großmutter sich eine Zeit lang nicht um ihre Schwester kümmern. Wien war schon ein paar Wochen vorher von der Roten Armee aus dem zerfallenden Reich herausgebrochen worden. Noch fuhr keine Bahn, kein Autobus. „Ich muss nach Wien“, sagte die Großmutter. Sie sei verrückt, sagten die Leute. Die Russen würden sie mitnehmen, nach Sibirien verschleppen.

Sie nahmen sie mit. Auf offenen Militärautos, auf Panjewägen, streckenweise auf Motorrädern. Auf ihrem Gesicht die Sorge um die Schwester, schlüpfte sie durch alle Sperren, überwand alle Kontrollen. Sie kam nach Wien. Und kam zu spät. Die Schwester lebte nicht mehr. Sie war verhungert wie viele andere hilflose alte Leute in der vom Krieg geschundenen Stadt. Hausleute fanden sie, als sie nach dem Ende der Kämpfe aus ihren Kellern und Schlupflöchern hervorkrochen.

In einem Massengrab fand die „Pepi-Tant" Ruhe in dieser ruhelosen Zeit.

Der Tritt in den Hintern

Für unsere Küchen- und anderen Abfälle gab es keine Müllabfuhr. Wir warfen sie in eine Grube in einer Baulücke zwischen den Häusern. Dort liefen in der Dämmerung die Ratten herum und suchten sich ihren Fraß. Bei Tag kamen hin und wieder Fremdarbeiter und holten sich, was die Ratten übrig gelassen hatten. Manchmal warfen Leute etwas zum Abfall, das noch nicht zum Abfall gehörte: Erdäpfelschalen, an denn noch etwas dran war, kaum angefaulte Äpfel, Salatblätter, sogar Brotstücke. Brot hatten wir längst selber nicht genug.

Den Fremdarbeitern war der Weg durch unsere Siedlung verboten. Der kleine Zellenleiter musste sie nicht fortscheuchen; tauchte er auf, gingen sie von selbst. Sie bogen durch die Siedlungsgärten zum Bahneinschnitt ab, überquerten diesen und die anschließende Wiese. Dann waren sie auf der Hauptstraße, dort durften sie sich frei bewegen.

An einem Sonntag, der uns mitten im Krieg den Frieden vortäuschte, es gab keine Bomber im Anflug, kam ein Fremdarbeiter die Straße herauf. Wir hatten unser Mittagessen verzehrt, der Vater war am Tisch, wie gewohnt, eingenickt. Beim Mittagskonzert muss Wagner gespielt worden sein, ich saß noch in der Küche, der Bruder war nach draußen gelaufen. Später gab es noch den unterdessen auch bei uns eingeführten Pudding als Nachspeise.

Der Fremdarbeiter kam die Strasse herauf. Sein Gesicht verschwand zeitweilig hinter dem Laub der Stangenbohnen. In der ganzen Siedlung begrenzten Bohnen die Grundstücke, wo ein Fleck Erde nutzbar war, wurde er für den Anbau von Gemüse genutzt. Die Bohnen blühten rot und weiß in Spiralen um die über zwei Meter hohen Stangen herum bis zum Wipfel hinauf. Andere Blumen pflanzten wir damals nicht in unserem Garten.

Niemand außer diesem Mann befand sich auf der Straße. Dem umgehängten Brotbeutel nach hielt ich ihn für einen Franzosen, sicher war ich nicht, der schwarze Wuschelschopf konnte auch einem Italiener oder einem Griechen gehören. Aus halb Europa waren Fremdarbeiter bei uns zusammengetrieben worden. Wie freiwillig sie gekommen waren, wussten wir nicht genau. Der Vater bemerkte, wenn er vom Sohn der Frau, in deren Geschäft wir unsere Milch holten, redete, der sei der größte Sklavenhändler der Neuzeit, da er in den von Deutschland eroberten Gebieten Arbeiter für die deutsche Rüstungsindustrie zusammenzufangen hatte.

Der Mann mit dem umgehängten Brotbeutel stieg die Mistgrube hinab. Eine Zeit lang sah ich ihn nicht, dann kam er wieder zum Vorschein. Der Brotbeutel hatte sich zur Hälfte gefüllt. Jetzt ging er weiter. Er war nicht mehr weit von unserem Haus entfernt.

Plötzlich flog eine Tür in einem der Nachbarhäuser auf. Dort wohnte jener SS-Mann, der immer wieder mit zusammengeraubtem Beutegut aus Frankreich daheim auftauchte. Er musste über Nacht heimgekommen sein, um seine Vorräte an Leckerbissen aufzufüllen. Ausgerechnet dieser Mann erinnerte sich des für Ausländer geltenden Verbots, durch unsere Siedlung zu gehen. Er lief auf den Mann zu und schlug ihm ins Gesicht. Der Franzose, oder wer er war, hob die Hände halb, rechtzeitig fiel ihm ein, dass er sich nicht wehren durfte. Schon gar nicht gegen einen Mann in der gefürchteten Uniform mit dem Totenkopf. Der Beutehengst und Etappengeier, wie die Mutter ihn bei verschlossenen Fenstern und Türen schimpfte, schrie den verschreckten Mann an, trat ihn in den Hintern. Dann kehrte er wieder in sein Haus zurück. Alles hatte keine zwei Minuten gedauert, aber der Lärm auf der Straße musste außer uns auch andere Nachbarn aufmerksam gemacht haben. Sie mochten wie wir am Fenster gestanden sein, manche von ihnen heimlich die Faust geballt haben. Das war alles. Keine Tür ging auf, niemand lief hinaus, dem Fremden zu helfen. Kein Fenster öffnete sich, um den SS-Mann, der sich als Nachbar freundlich gab, zurechtzuweisen.

Wir litten an den Gebrechen jener Zeit. Wir sahen und waren blind, wir hörten und waren taub, wir wollten schreien und blieben stumm.

Der Mann mit dem halb gefüllten Brotbeutel taumelte noch ein wenig. Bald ging er rascher, aber immer noch geduckt. Hier durfte jeder, der ihn einer Übertretung für schuldig hielt, mit eigenen Händen gleich an Ort und Stelle den Richter machen. Auch wir selbst waren diesen schnellen Richtern ausgesetzt, wenn sie die entsprechende Uniform trugen. Der Fremde bog von der Siedlungsstraße ab, lief zwischen den Gärten auf den Bahneinschnitt zu, auf der gegenüberliegenden Seite sah ich ihn hochkommen, er überquerte das Wiesenstück und war endlich auf der Hauptstraße.

Die Mutter stürzte den Pudding aus den Formen. „Will ihn denn keiner essen?“ Wir waren satt. Der Vater saß schon wieder bei seiner Arbeit. Das Opernkonzert war vorüber, ich drehte das Radio ab. Die Mutter ging ans Geschirr. Niemand redete ein Wort. Wir schämten uns, weil Dinge um uns geschahen, gegen die wir nichts zu tun wagten. Aus der Distanz einer späteren Zeit mag es unverständlich scheinen. Aber wir hatten längst nur noch eines im Sinn, selbst halbwegs heil das Ende des Tausendjährigen Reiches zu erleben.

Die Mutter war plötzlich zornig. Weil sie ihren Zorn auf niemand anderen auslassen konnte, traf er den Hund. Rolf lag ihr im Weg. Sie riss die Tür in den Garten auf und schrie den erschrockenen Hund an, dass es über die Gärten zu hören war: „Du dreckiges, erbärmliches Hundsvieh, hau doch endlich ab!“

Es war nicht erlaubt, sich mit Fremdarbeitern abzugeben. Einige Vorwände halfen das Verbot zu umgehen. Die Mutter sagte, sie komme mit der vielen Arbeit in Haus, in Stall und Garten allein nicht zurecht. Halbtags half ihr zuweilen eine Ostarbeiterin aus. Eine junge Frau aus der Ukraine, sie hieß Maria. Auf Geheiß der Mutter pflückte sie unsere schwarzen und roten Ribisel, jätete das Unkraut. Der Bruder und ich sahen es gern, wenn sie an unserer Stelle das Stallausmisten übernahm. Maria bekam dafür etwas zu essen. Heimlich durfte sie ins Haus hineinschlüpfen, stand nicht gerade die Frau von nebenan am Zaun. Der gefiel es nicht, wenn das „Ukrainerweib" zu oft kam.

Es gab viele „Ukrainerweiber" um uns. Sie lebten in Barackenlagern, liefen bis tief in den Winter in Holzschuhen herum, nie sah ich sie mit Strümpfen. Sie trugen grobe Steppjacken, schwere Kittel. Ihre Köpfe waren meist unter Tüchern versteckt. Sie mussten tun, was man von ihnen verlangte. Sie radelten Beton oder Bauschutt, stachen Erde um, halfen beim Verladen am Bahnhof, putzten die Gemeinschaftsräume in den Betrieben.

Die meisten waren auf dieselbe Weise wie Maria ins Großdeutsche Reich gekommen. Nachdem sie einiges Zutrauen gefasst hatte, kam es in Bruchtücken aus ihr heraus. In Simferopol auf der Krim, wo sie herstammte, hatte sie bis zum Krieg als Lehrerin gearbeitet. Nach der Eroberung durch die Deutschen wurde sie zur Feldarbeit in die Umgebung der Stadt geschickt. Mitten in der Erntezeit tauchten Deutsche in Uniformen auf und trieben die Frauen und Mädchen von den Feldern. Sie wurden zum Bahnhof gebracht, in Viehwaggons verfrachtet und nach Deutschland transportiert. Es war ihnen nicht einmal Zeit zum Abschied von der Mutter gelassen worden. Drei Wochen dauerte die Reise. Oft stand der Zug auf offener Strecke oder auf Nebengeleisen, bis wieder eine Lokomotive frei war, die sie weiter nach Westen zog.

In der Gusshütte hatte der Vater einige Franzosen als Arbeitskameraden. Einer besuchte uns zwei-, dreimal. In meiner Erinnerung ist von ihm nichts geblieben als seine Größe und die Stadt Toulouse, von wo er nach Deutschland geholt worden war. Der Vater ließ ihm gelegentlich eines unserer Kaninchen zukommen, der Franzose briet es im Lager für sich und einige Freunde. Einmal brachte er für den kleinen Bruder ein Stück echter Milchschokolade. Seine Frau hatte sie ihm aus Südfrankreich geschickt. Milchschokolade gab es bei uns schon lange nicht mehr.

Das einzige Vergnügen der Fremdarbeiter waren sonntägliche Besuche in der Villa Nova. So nannte sich ein kleines Haus zwischen Bäumen etwas außerhalb der Stadt. Dort halfen ihnen Frauen aus Frankreich, nicht ganz zu vergessen, dass sie Männer waren.

Die geringe Bewegungsfreiheit der Fremdarbeiter galt nicht für die Kriegsgefangenen. Wenn sie zur Arbeit gingen, so nur in geschlossenen Trupps, von bewaffneten Aufsehern begleitet. Sie atmeten unsere Luft, sahen unsere Wälder, den gleichen Himmel wie wir. Doch sie lebten wie in einem Gefängnis, von unsichtbaren Mauern umgeben. Unter den Gefangenen waren die Russen schlimmer dran als alle anderen. Seit der Krieg gegen die Sowjetunion geführt wurde, galten die Menschen östlich der deutschen Reichsgrenzen als Untermenschen. Sie hießen Pollaken, Bolschewiken, Mongolen. Wie es in ihren Lagerbaracken zuging, erfuhren wir durch Gerüchte. Sie waren verlaust, verwanzt, verdreckt. Hätte man uns erzählt, sie würden einander auffressen, wenn sie nichts anderes zu fressen kriegten, wir hätten es geglaubt.

Auf dem Weg ins neue Werk, dem auch eine neue Werksschule eingegliedert war, begegnete ich gefangenen

Russen. Erinnerlich ist mir nur einer. Es waren junge Männer, kahl geschoren, elend mit den Resten ihrer Uniform bekleidet. Ihre Gesichter unterschieden sich wenig voneinander, etliche breite waren darunter, einige schlitzäugige. Sie trotteten stumpf dahin, in sich hineingesunken. Plötzlich bückte sich einer ins verstaubte Gras neben der Straße. Er raufte ein Büschel zusammen, beim Pfiff des Bewachers, war er schon wieder in seiner Reihe. Im Weitergehen stopfte er sich das Gras in den Mund. Ich sah es ihn fressen. Es war nicht schwer, den Anblick, den sie uns boten, mit dem Bild von den Untermenschen, vor denen der „Führer" uns durch den Kampf gegen den Bolschewismus rettete, in Übereinstimmung zu bringen. Wir hielten ihren Zustand für ein Merkmal ihres Wesens, nur wenigen dämmerte, dass er die Folge der ihnen angetanen Behandlung war.

Zur selben Zeit und noch in den späteren Jahren ihrer Gefangenschaft waren auch deutsche Soldaten auf die gleiche Stufe dieser armen Kreaturen herabgesunken, sie wühlten aus russischen Abfallgruben Erdäpfelschalen und angefaultes Obst, rissen aus dem Gras neben russischen Landstraßen büschelweise Sauerampfer, Bocksbart, Löwenzahnblätter, um damit ihren brennendsten Hunger zu stillen.

Unter unserer Schule im obersten Geschoß eines viereckigen Gebäudekastens, der mit grüner Tarnfarbe gestrichen war wie alles, was einst hell geleuchtet hatte, erstreckte sich eine Halle, derer ich mich aus zwei Gründen erinnere. Bei ihrer Eröffnung spielte ich im Zitherkonzert vor dem betrunkenen Reichsarbeitsminister Ley. Später übte in dieser Halle der Vater eines Mitschülers seine Macht als Betriebsobmann aus, die Macht eines politischen Kommissars faschistischer Prägung. Er war ein schlichter, unauffälliger Mann, nicht der Ängstlichste wiche ihm aus, begegnete er ihm heute auf einer abgelegenen Straße oder tief im Wald bei Nacht. Sein Gesicht war schmal, das Haar schütter. Was ihn mir unheimlich machte, waren die Augen hinter seinen dicken Brillen. Sie schimmerten kalt wie Froschlaich. Sein Sohn holte mich häufig zur Fahrt in die Werksschule ab, wir radelten auf unseren Fahrrädern dorthin.

Was er dabei anstellte, tat er mit Sicherheit auf Geheiß seines Vaters, denn er selbst war friedfertig. Es war auch harmlos, nur eben typisch für die Missachtung Fremden gegenüber, zu der wir ganz allgemein und er durch seinen Vater im Besonderen erzogen wurden. Er trat im Vorbeifahren Fremdarbeitern oder Gefangenen mit dem Fuß in den Hintern. Keiner konnte ihn herabfischen, ihm eine herunterhauen, es sich erlauben, ihn auch nur zurechtzuweisen. „Wenn einer nicht schnell genug ausweicht, tritt ihm in den Arsch“, gab er die Lehren seines Vaters an mich weiter. „Aber nicht zu fest, sonst haut es dich herunter vom Rad.“

Er fand nicht heraus, ob schwach entwickelter Gleichgewichtssinn oder ein anderer unentdeckbarer Mangel mich daran hinderte, es ihm gleichzutun. Und schließlich verlor er allmählich den Spaß, mit mir zur Arbeit zu fahren.

Sein Vater hatte vor dem Krieg mehrere Jahre in der erst kurz zuvor von Zarizyn in Stalingrad umgetauften Wolgastadt gelebt. Als treuem Anhänger des „Führers" lag ihm daran, sich außer jeden Verdacht zu stellen, er habe aus Stalingrad etwas anderes als Abscheu und Hass mitgebracht.

Auf die seiner Aufsicht als Betriebsobmann unterstellten russischen Kriegsgefangenen zielte seine Macht am schärfsten. Während der Mittagspause wurden die Gefangenen im Betrieb aus großen Warmhaltekannen abgespeist. Sie blieben immer hungrig. War eine Kanne leer geworden, suchte der ihr nächste mit den Händen den letzten Rest herauszuschöpfen. Ein klein gewachsener Mann kroch bis zum Bauch in die Thermoskanne. Der Betriebsobmann packte ihn an den Beinen und stieß ihn mit dem Kopf voran in das heiße Gefäß. Sein Sohn erzählte es als Witz herum.

Als die große Zeit auch für ihn ihrem Ende zuging, versäumte er den Zeitpunkt zur Flucht. Seine Opfer ergriffen ihn, übergaben ihn der roten Armee. Sie nahm ihn mit. Ob an die Wolga oder an welchen anderen Ort blieb unbekannt. Er kehrte nicht mehr zurück.

Wir bauen am Südostwall

Es war doch etwas dran an den lange angekündigten Wunderwaffen. Nach der V1-Rakete flog seit kurzem auch die noch wirksamere V2 zur Vergeltung – daher das „V“ – über den Kanal nach London. „Jetzt wird England von der Landkarte ausradiert“, plapperte die Frau vom Nebenhaus mit glühenden Wangen die Worte des „Führers“ nach.

Das Ausradieren stellte sie sich buchstäblich vor: Stück für Stück werde England durch die Raketen von der Erdoberfläche weggeschossen werden. Den zeitweise schon recht stürmischen Rückzug im Osten hielt sie, wie die Nachrichten es behaupteten, für planmäßige Frontbegradigung. „Im richtigen Augenblick wird der Adolf den Spieß umdrehen, das hat die Vorsehung so bestimmt.“ Das Wort Gott nahm sie nicht in den Mund. Der war ihr verdächtig, seit die älteste Tochter aus dem Schwarzwald so schwarz heimgekommen war, „wie ein Rauchfangkehrer“. An die Vorsehung glaubte sie so fest wie der „Führer“ selbst. Dank dieser hatte er den Anschlag der „Verräter“ vom 20. Juli 1944 fast unversehrt überstanden. Dann hatte er „reinen Tisch gemacht, der Adolf, und die Verbrecher an die Wand gestellt“.

Wir hatten jetzt den totalen Krieg. Der Propagandaminister Goebbels, nach des Vaters Worten „der Mann mit der größten Goschen des Tausendjährigen Reiches“, hatte das deutsche Volk gefragt, ob es ihn haben wollte, und das deutsche Volk hatte freudig ja gebrüllt.

Die Frau vom Nebenhaus war durch keine verlorene Schlacht in ihrem Vertrauen auf die Weisheit des „Führers“ zu erschüttern. Nicht einmal durch den Fall von Stalingrad, der auch bei vielen bisherigen Anhängern und Mitläufern des Regmies im Inneren bewirkt hatte, was draußen an der Front vor sich ging – die Umkehr.

Nach außen hin ließ keiner erkennen, was er wirklich dachte. Obwohl wir schon einige Jahre in der neuen Siedlung lebten, hatte sich das Gefühl des Zusammengehörens wie im Barackenviertel hier nicht eingestellt. Die Familien waren aus allen Teilen der Steiermark, aus dem einstigen Burgenland, aber auch aus anderen Reichsgauen zusammengewürfelt, die Männer waren Arbeiter, Angestellte, Beamte, Lehrer. Von den wenigsten wusste man, ob das, was sie zeigten, ihr echtes Gesicht war. Bei einigen Leuten stellte sich erst nachträglich heraus, dass sie Gestapo-Spitzel waren, die geschickt zwischen den anderen Volksgenossen eingesiedelt worden waren, um heimliche Regimegegner ausfindig zu machen. Ein paar stellten es so plump wie unser Luftschutzwart an, der ständig nach Schwarzhörern jagte, die mit ihren Volksempfängern Feindsender abhörten, und der trotzdem keinen erwischte. Anderen ging ein bekannter Kaufmann aus der inneren Stadt auf den Leim. Er hatte für die Familien von in Dachau inhaftierten Männern ein paar Reichsmark gespendet, ein Organisator dieser verbotenen Spendenaktion war ein Gestapo-Agent, die Spender, unter ihnen der Kaufmann, saßen dann selbst bis zum Kriegsende in Dachau.

Die Frau vom Nebenhaus hätte, vor die Wahl gestellt, dem „Führer“ die Treue zu brechen oder eines ihrer Kinder auf den bloßen Verdacht hin, ein Verräter zu sein, zu opfern, sich ohne Zweifel für ihren Adolf entschieden. Und sie war in ihrem einfältigen fanatischen Glauben an die Gerechtigkeit des Krieges und an Deutschlands Sieg nur eine von Millionen. Ihr Mann kam neben ihr kaum zu Wort, er ging all die Jahre wie ein Schatten still aus und ein und tat den Mund nur auf, wenn die SA, der er angehörte, ausmarschierte und er in ihr Leiblied einstimmte: „Die Fahne hoch, die Reihen dicht geschlossen, SA marschiert, mit ruhig festem Schritt …“

In ihren lichten Momenten war die Frau vom Nebenhaus eine so genannte „gute Haut“. Wo sie konnte, half sie den Nachbarinnen aus, wenn ihnen gerade dies oder jenes in der Küche fehlte oder wenn sie bei irgendeiner Arbeit Hilfe brauchten. Sie nahm einen Schock Buben und Mädchen zum Schwammerlsuchen oder Schwarzbeerpflücken auf fündige Plätze mit, die nur sie kannte. Versuchte sie ein neues Kochrezept, verteilte sie großzügig Kostproben, bis oft für die Ihren kaum noch etwas übrig war. Es war ausgeschlossen, sie wegen ihrer Führerbesessenheit zu verachten – in Acht nehmen musste man sich deswegen vor ihr schon. Ihr eingeschränkter Geist war nur für die Schwarzweißzeichnung der Welt zugänglich, doch verantwortlich für die weit verbreitete Volksverdummung zur Zeit des Ditten Reiches waren jene, die ihr und uns die Welt ganz bewusst schwarz-weiß vorzeichneten.

Als die Front im Osten schon bis tief nach Ungarn hinein „begradigt“ worden war, wurden der Bruder, ich und mit uns alle gleichaltrigen und halbwegs verwendungsfähigen Lehrlinge unseres Kreises zum Bau des Südostwalls einberufen. Der Mutter fiel es schwer, in ihrer Angst und Sorge ihre Zunge zu hüten. „Jetzt werden die Kinder das Kraut fett machen“, rutschte es ihr gegenüber der Frau von nebenan heraus. Die legte in ihrer Einfalt dem geflügelten Wort vom „das Kaut fett machen“ ihren Sinn unter. „Ja, ja, die werden es schon schaffen, die Jungens. Am Südostwall wird sich der Bolschewik den Schädel einrennen.“ Die Mutter hatte es wohl kurz die Sprache verschlagen, jedenfalls verschluckte ihre Sorge um uns und ihre Verbitterung vor solch atemberaubender Dummheit. Sie entdeckte Rolf, der im Garten nach einem vergrabenen Knochen wühlte und machte wieder einmal ihn zum Ventil für ihre Empörung. „Ach Gott, was bist du doch für ein blödes Vieh!“

Wir fuhren also zum Schanzen nach Rohitsch-Sauerbrunn. Der slowenische Kurort Rogaška Slatina gehörte damals zum Gau Steiermark. Außerhalb des Ortes verlief der Südostwall. An ihm sollten die russischen Panzer endgültig zum Stehen gebracht werden. Mit unserer Hilfe. Sie bestand im Ausheben der Panzergräben. Als sie ihre Bewährung bestehen sollten, erwiesen sie sich als leicht zu überwindendes Hindernis. Die Panzer fuhren heran, drehten sich in dem von Regen und Schnee aufgeweichten Erdreich ein paar Mal um ihre eigene Achse, schon war der etwa vier Meter breite und nicht ganz so tiefe

Graben zugeschüttet. Die letzte Hürde vor unserer engeren Heimat war beseitigt.

Über Graz, das zerbombte Marburg und den Eisenbahnknoten Pragerhof fuhren wir zu unserem Einsatzort. Es war ein langer Zug, besetzt mit zwölfhundert vierzehn- bis sechzehnjährigen Jungen und einhundert Mädchen. Auf dem letzten Streckenabschnitt wurden der Lokomotive ein paar leere Waggons vorgespannt. Die sollten in die Luft fliegen, falls Partisanen, wie es oft geschah, Sprengkörper unter die Geleise gelegt hatten. Wir erreichten ohne Zwischenfall unser Ziel. Ein paar Mal umkreisten uns die gefürchteten Tiefflieger vom Typ Lightning. Meist stießen sie, doppelrümpfige Ungeheuer, ohne Vorwarnung, ihrem Namen Ehre gebend, wie der Blitz vom Himmel herab. Sie feuerten ihre Salven vorzugsweise auf Eisenbahnzüge. Den unseren ließen sie unbehelligt, wahrscheinlich dankten wir es den riesigen roten Kreuzen, die, auf den Waggondächern aufgemalt, einen Verwundetentransport vortäuschten.

Der Bruder und ich hatten Glück. Wir teilten nur wenige Tage die anstrengende Drecksarbeit in Regen, Nebel und Kälte mit unseren Schulkollegen und Freunden. Der Küchenleiter, ein Bulmeschüler aus unserer Stadt, tauchte in unserem Massenquartier, einem stillgelegten Hotel, auf. Wir kannten ihn. Er hatte auf ein Mädchen in unserem Viertel ein Auge geworfen, war Gast dort, so oft ihm sein Studium dafür Zeit ließ. Er winkte den Bruder zu sich. „Sag, hättest du nicht Lust, in der Küche zu arbeiten?“ Der Bruder hatte Lust, ich wurde, auf sein Verlangen, als Zugabe akzeptiert. Der Küchenleiter hatte dem Vater versprochen, sich um uns zu kümmern. Und das tat er auch.

Die Küche für die Schanzer befand sich im Hotel Erzherzog Johann auf einem Hügel am Ortseingang. Jeden Morgen um drei Uhr früh heizten wir die beiden riesigen Kaffeekessel an. Wir halfen bei der Ausgabe des Frühstücks, fuhren zur Mittagsausspeisung auf Leiterwagen mit vorgespannten Ochsen und Mulis zum Panzergraben hinaus. Er riss als tiefe, immer weiterwachsende Wunde das Land auf.

Zu unseren Aufgaben zählte auch die Betreuung eines Erdäpfeldämpfers. Der Dampfkessel des sechs Meter hohen Ungetüms wurde aufgeheizt, der Dampf floss durch Druckschläuche in hermetisch verschließbare Gefäße. In wenigen Minuten war ihr Inhalt gar. Eines Nachts fiel der erste frühe Schnee. Wir froren uns zwetschkenblau, wie nach des Vaters Worten im Winter von 1928 auf 1929 der Bruder es in seinem Gitterbett getan hatte. Um uns anzuwärmen, ließen wir die Feuerungstür offen. Der Luftzug riss die Flammen schnell in die aufgeschüttete Kohle. Die Hitze stieg, der Dampfdruck nahm zu. Der Kessel begann zu donnern und zu dröhnen. Wir warfen die Tür zu, brachten uns in Deckung. Beim Überdruckventil pfiff der Dampf heraus, wie aus den Löchern eines zerschossenen Lokomotivkessels. Zum Glück explodierte er nicht. Wir krochen aus unserer Deckung, froren in Zukunft lieber, als uns noch einmal an dem Monstrum anzuwärmen.

Auf dem Flachdach unseres Hotels patrouillierten nachts zwei Doppelposten der Feldgendarmerie. Sie waren für den Partisaneneinsatz geschult. Auf eine Gruppe des Reichsarbeitsdienstes im nahen Agramerhaus hatten Tito-Leute einen nächtlichen Feuerüberfall vom nahen Wald aus verübt. Trotz der Feldgendarmen über unseren Häuptern fühlten wir uns Nacht für Nacht bedroht. Die riesigen Küchenfenster reichten bis nahe an den Fußboden, sie öffneten den Raum nach jeder Richtung. Wohin wir uns auch verkrochen, es gab keinen Platz, an dem man vor einer Partisanenkugel sicher war. Meist schliefen wir neben dem Herd auf dem Boden, Kotzen als Unterlage und Decke.

Eines Nachts pochte es an der Tür. Wir erschraken zu Tode. Eine Stimme von draußen beruhigte uns.

„Macht auf, Jungs! Ich möchte mich nur ein wenig anwärmen."

Wir öffneten. Vor uns stand einer der Feldgendarmen vom Doppelposten auf dem Dach.

„Sauwetter", schimpfte er verdrossen. „Es gießt schon wieder. Da werden die armen Kerle morgen beim Schippen bis zum Bauch im Dreck versinken. Dagegen habt ihr's gut."

Er sah sich um, schnupperte. „Riecht nach echter Rindsuppe. Kann das die Möglichkeit sein?"

In einem kleineren Kessel siedeten Knochen, Wurzelwerk und Grünzeug leise vor sich hin. Die konzentrierte Brühe diente als Soßenaufguss für irgendwelche Eintopfgerichte.

Der Feldgendarm staunte die Suppe an. „Da schwimmen doch tatsächlich die schönsten Fettaugen drauf." Er schob den Helm aus der Stirn, blickte uns halb bittend, halb fordernd an. „Sagt, Jungs, könnt ich nicht einen Pott davon abkriegen?"

Wir schöpften ihm eine Tasse von oben herab, reichten ihm dazu eines der köstlich nach frischem Backwerk duftenden Weißbrotlaibchen, die es in Rohitsch-Sauerbrunn noch immer gab. Er schlürfte und mampfte. Als er gegessen hatte, musterte uns sein dankbarer Blick. „Herrgott, war das gut!" Dann erlosch die Zufriedenheit in seinen Augen. „Wollt ihr einen großen Idioten sehen?", fragte er. „So seht mich an."

Warum er sich für einen großen Idioten hielt, erfuhren wir auch. Er hatte sich freiwillig zum „Barras" gemeldet, machte seit dem ersten Kriegstag „die ganze Scheiße mit. Jetzt haben sie mich in dieses Drecksnest gesteckt, wo es rundherum von Partisanen wimmelt. Draußen, an der Front, da weißt du wenigstens, von welcher Seite es dich treffen kann, aber hier fliegen die Kugeln aus jeder Richtung."

Eine Weile sagte er nichts, starrte nur düster vor sich hin, seinen Gedanken nachhängend. Dann klopfte er uns wie ein paar Eselchen freundlich ab. „Dank euch, hat prima geschmeckt." An der Tür wandte er sich noch einmal um, und jetzt flüsterte er: „Überhaupt, ich sag es euch, aber haltet die Klappe, sonst bin ich geliefert und seh mein schönes München niemals wieder – der ganze Scheißkrieg ..."

Er brach ab. Es war auch nicht nötig, mehr zu sagen. Wie er, wussten wir, wusste jeder, dem der fanatische Glaube an den „Führer" noch nicht den letzten Rest von Verstand geraubt hatte, dass der „ganze Scheißkrieg verloren war". Trotz V1 und V2, trotz weiterer angekündigter Wunderwaffen. Und trotz des Südostwalls, den an manchen Stellen schon der Dauerregen aufweichte und zum Einsturz brachte.

Der Feldgendarm hatte angekündigt, bei nächster Gelegenheit wieder auf einen Pott Rindsuppe vorbeizukommen. Eine volle Woche ließ er sich nicht blicken. Als er endlich wieder auftauchte, war er kaum zu erkennen. Er war bleich wie ein Leichnam, die Wangen eingefallen, die Backen- und Stirnknochen ließen das Schädelgerüst ahnen. Er hielt sich die Nase zu und machte um den Suppenkessel einen respektvollen Bogen.

„Ich bin bloß gekommen, dass ihr nicht glaubt, ich bin schon hin. Beinahe wär ich es gewesen. Diese Rindsuppe, ah", er presste mit schmerzverzerrtem Gesicht seine Hände gegen den Bauch. „Unsereiner ist so etwas Fettes ja nicht mehr gewohnt. Es hat mich ausgeräumt, kein Mensch kann sich das vorstellen. Ich hab gedacht, meine sämtlichen Innereien marschieren zum Tempel hinaus."

In manchen Nächten vertrieb uns eine fröhliche, ausgelassene Gesellschaft die Angst. Die Führerschaft unseres Schanzkommandos kreuzte auf, dazu die slowenischen Köchinnen. Sie brieten Schnitzel, dünsteten Reis, machten feine Salate ab. Sie buken köstliche Torten, kochten echten Bohnenkaffe. Wir aßen und tranken, sangen und spaßten, bewarfen uns mit Butterwürfeln und Kuchenstücken. Es ging zu wie bei einer riesigen Siegesfeier.

Zu Siegesfeiern gab es keinen Grund. Den letzten Wehrmachtsberichten zufolge standen die Russen knapp vor dem Plattensee. Die Partisanen sprengten nicht nur Eisenbahnzüge, Straßen und Brücken, sie lieferten der Deutschen Wehrmacht richtige Schlachten. Unsere nächtlichen Gelage glichen Henkersmahlzeiten. Vom Alkohol benebelt, verspürten manche unserer Anführer das Bedürfnis nach gründlicher Körperreinigung. Der Bruder und ich heizten unter den Kaffeekesseln das Feuer an. War das Wasser warm, kletterten die Männer hinein und suhlten sich. Sobald sie sich in ihre Schlafstuben verzogen hatten, nahmen auch wir unser Bad. Nachher spülten wir die Kessel aus und stellten das Kaffeewasser zu.

Von leckeren Speisen gesättigt, vom schweren dalmatinischen Rotwein betäubt, vergaßen wir den Krieg rund um uns. Wir wurden von einem Augenblick zum andern ernüchtert. Über dem Schanzgelände donnerten ein paar Lightnings. Wie Raubvögel waren sie herabgestoßen, feuerten ihre Salven auf die Panzergräben. Angstrufe, Schmerzensschreie. Als die Tiefflieger sich wieder hochgeschwungen hatten, lag ein Junge aus meiner Lehrgangsklasse tot auf der Erde. Mitten durch seinen Körper war eine Garbe aus dem Maschinengewehr gefahren, hatte ihn entzweigefetzt. Er war, wie man seiner Mutter in das kleine Mürztaler Heimatdorf schrieb, „gefallen für Führer, Volk und Vaterland".

Sein Name erinnerte an eine der fröhlichsten Figuren des deutschen Märchenschatzes. Aber dieser „Hans Glück“ lebte in einer glücklosen Zeit. Er fiel mit fünfzehn Jahren.

Todeszelle

Anfang Dezember kam endlich der Befehl für unseren Abzug aus Rohitsch-Sauerbrunn. Andere junge Leute, Lehrlinge, Angehörige des Reichsarbeitsdienstes, später auch betagte Volkssturmmänner bezogen die Strohlager im Kurhaus und in den anderen Hotels, besetzten die Latrinen in der Ortsmitte, wühlten an unserer Stelle die regenzerweichte Erde auf. Hin und wieder brach ein Stück ein, begrub einen „Schanzer" unter sich.

Beim Überfahren der Draubrücke bot Marburg einen sterbenden Anblick. Ein schwerer Herbststurm schien über die Stadt hinweggefegt zu sein. In den Gassen lagen die Ziegel der Hausdächer gleich rötlichbraunen Blätterhaufen. Vermummte Gestalten irrten dazwischen umher. Noch weit von den Einschlagsorten der Sprengbomben entfernt, ragten abgedeckte Dachgerippe in den frostigen Himmel. Wir waren froh, nach dem über vierwöchigen Einsatz unversehrt nach Hause zu kommen. Den armen Hans ließen wir in seinem Grab zurück, schon legte sich Vergessen leise darauf. Noch ein Junge fehlte bei der Heimreise. Ein Elektrikerlehrling aus der Klasse des Bruders. Alois hatte es verabsäumt, seine Haare rechtzeitig auf die erlaubte Zündholzlänge stutzen zu lassen. Er wurde gefasst und wie ein Schaf, das sich nicht wehren kann, geschoren. Grimmig entfuhr es dem seiner Haarpracht Beraubten: „Wartet nur, für euch kommt auch noch der zahlende Tag!" Die Drohung, Ausdruck hilfloser Wut über die ihm zugefügte Schmach, wurde ernst genommen. Die Polizei kam, nahm ihn fest. Strafweise wurde er in ein Lager des Reichsarbeitsdienstes bei Wildon versetzt. Nach kurzer Ausbildung kam er strafweise zur Deutschen Wehrmacht, zum Partisaneneinsatz nach Istrien. Acht Tage vor Kriegsende geriet er in Gefangenschaft. Und blieb es, am Anfang beschimpft, bespuckt, geschlagen, 56 bittere Monate lang. Viele wurden entlassen, Kranke, Geschwächte, ihn behielt man. Noch während der Ausbildung beim Reichsarbeitsdienst hatte man ihn für zwei Wochen heimgeschickt, damit er die Facharbeiterprüfung ablegen konnte. Den gelernten Elektriker brauchte man in Jugoslawien. Eineinhalb Jahre arbeitete er bei der Wiedererrichtung einer großen Eisenbahnbrücke bei Laibach, später bei der Elektroinstallation in Siedlungen. Fast auf den Tag fünf Jahre, nachdem wir aus Rohitsch-Sauerbrunn heimgekehrt waren, kehrte auch er heim. Es war am 5. Dezember 1949. Der „zahlende Tag" bescherte ihm am Ende 2.500 Schilling als Heimkehrerentschädigung.

Als wir das zerbombte Marburg hinter uns hatten, atmeten wir auf. Ein wenig freuten wir uns sogar auf Weihnachten. Geschenke erwarteten wir keine, aber ein paar Tage ohne Arbeit, ohne Kopfzerbrechen in der Schule.

In der Nacht vor dem Heiligen Abend 1944 kam die Mutter, wie stets vor den Feiertagen, erst zu später Stunde ins Bett. Das Keks- und Kuchenbacken war in diesem Jahr schnell erledigt. Auch die Zubereitung hausgemachter Schokolade als Christbaumbehang hielt sie nicht auf. Der Himmel lieferte seine Zutat, den Schnee, doch an den übrigen fehlte es uns, am Ceresfett, am Kakaopulver, am Zucker. Die Mutter musste auch keine gekauften Geschenke festlich verpacken und verschnüren. Doch die bescheidenen, selbstgemachten hielten sie, bis ihr die Augen zufielen, in Atem. Sie strickte dem kleinen Bruder ein Häubchen, dem großen und mir wollende Fäustlinge, dem Vater dicke Socken. Damit er bei der Arbeit in der zugigen Werkshalle es wenigstens in den Füßen warm hatte.

Zur selben Nachtstunde, in der die Mutter ihr Strickzeug endlich aus der Hand legte und ins Bett kroch, schreckte fern von uns eine Frau, die wir aus der Barackenzeit kannten, aus kurzem, unruhigem Halbschlaf. Es war die Ehefrau jenes Mannes aus der Nebenbaracke, der vor und nach dem „Anschluss“ rote Fahnen auf Hochspannungsmasten gehisst hatte.

„Schreck dich nicht“, rief eine Stimme die Frau an, „ich bring dir nur einen Zuwachs!“ Die Stimme gehörte der Aufseherin, die im damaligen Grazer Landgericht die Zelle 57 beaufsichtigte. Die Zelle 57 war die Todeszelle. Seit über einen Monat wartete darin die Frau auf ihre Hinrichtung. Wartete darauf, ihrem Mann nachzufolgen. Er war einige Monate zuvor an einer Schussverletzung nach seiner Verhaftung durch die Gestapo gestorben. Das junge Ehepaar aus dem Barackenviertel hatte nach jener Nacht, in der unser Dominoturm umstürzte und Schuschniggs Worte „Ich weiche der Gewalt – Gott schütze Österreich“ durch den Äther klangen, die Hoffnung auf ein neues, menschlicheres Österreich nicht aufgegeben. Beide kämpften dafür einen ohnmächtigen, unerschrockenen Kampf. Sie streuten Flugblätter, zogen die verbotenen Fahnen Österreichs auf, sprengten bei Kindberg ein Stück Bahngeleise, um einen Militärtransport aufzuhalten.

Der Schlüssel drehte sich im Schloss. Die Aufseherin schob drei Frauen in die Zelle. Die Tür fiel zu, wieder das Schlüsselgeräusch, dann die sich langsam entfernenden Schritte auf dem nächtlichen Gang.

„Wo kommt den ihr jetzt her, mitten in der Nacht?" Die tastenden Hände schreckten zurück. Sie waren an raschelndes, knisterndes Papier gestoßen. „Was habt ihr denn für Kleider an?"

Die drei Frauen trugen Umhänge aus gekräuseltem Papier. Gegen solche Gewänder mussten Delinquenten vor ihrem Gang zum Schafott ihre Kleider vertauschen, damit man sie, nicht durch Blut verschmutzt, wieder verwenden konnte. Aber in dieser Nacht vor dem Heiligen Abend 1944 verspäteten sich die Henker. Die drei Frauen aus Kärnten wurden von der Hinrichtungsstätte im Keller weggeführt, in eine Zelle zurückgebracht.

„Die haben mir erzählt", berichtete die Frau aus der Nebenbaracke mir nach vielen Jahren, warum die Kärntnerinnen zum Tode verurteilt wurden. „Ihre Ehemänner waren bei einer Widerstandsgruppe in den Bergen des oberen Murtals. Die Frauen wollten ihnen Proviant nachbringen. Mit ihren vollen Rucksäcken hat man sie erwischt. „Wo sind die Männer?", hat man sie gefragt. Aber die Frauen haben nichts verraten. Doch wie sie bei mir in der Todeszelle gesessen sind, am Heiligen Abend in der

Früh, in ihrem raschelnden Papiergewand, haben sie angefangen zu reden. Von ihren Kindern zu erzählen. Von der Liebe zu ihren Männern. Sie haben gewusst, dass für sie alles aus war. ‚Wir sehen das befreite Österreich nimmermehr', haben sie gesagt. ‚Wir müssen sterben. Aber du, wenn du davonkommst, sag ihnen, sie sollen das nicht vergessen, dass wir sterben haben müssen! Sag ihnen allen, wie schwer wir leiden und was wir alles haben mitmachen müssen. Und dass sie aufpassen sollen auf Österreich, dass Österreich bleibt und dass Frieden wird im Land.' Und dann, um halb elf Uhr Vormittag am Heiligen Abend 1944, haben sie sterben müssen."

Es ist nie ganz hell geworden in der Zelle 57 an diesem Heiligen Abend. Es ist auch düster in ihr geblieben, während wir die Kerzen auf unserem Christbaum angezündet, die von der Mutter gestrickten Fäustlinge, die vom Vater gedoppelten Schuhe, ein neues Rübezahlbuch anstelle des zerlesenen alten in Empfang genommen haben. Es roch nach Tod in den dicken Mauern, während wir uns, wie seit den Barackenjahren eingeführt, zum festlichen Mahl aus Frankfurter Würstchen, Tee und Keksen setzten. Am Christtag deckte die Mutter den Tisch mit dem aus gehamsterten Zutaten gebackenen Kuchen. Die Frau in der Zelle 57 bekam auf ihre Schnitte Brot einen Löffel Marmelade. Und dazu aus dem Mund der Aufseherin die Erklärung für diese ungewohnte Zutat. „Wir wollen dir noch einmal das Leben versüßen …"

Keiner von uns dachte Weihnachten 1944 an diese Frau aus unserem einstigen Barackenviertel, die nun in der Todeszelle saß. Ich erfuhr nie, ob sie noch in den Gedanken der Mutter lebte. In den notvollen, aber doch glücklichen Barackenjahren – gemessen an jenen, die dann über uns hereinbrachen – hatte sie ihr Kind aus der Taufe gehoben. Einige Male war sie uns noch zu Gesicht gekommen. Als Postzustellerin lief sie durch die Gassen, warf Briefe in die Türschlitze, übergab, was persönlich auszuhändigen war, dem Empfänger. Keiner redete mehr Worte mit ihr, als der Anlass erforderte. Es war bekannt, dass ihr Mann häufig von der Gestapo abgeholt wurde. Auch sie selbst gehörte zum Kreis der „politisch Unzuverlässigen“. Viele einstige Freunde scheuten sich, mit ihr zu sprechen, aus Sorge, selbst in Verdacht zu geraten. Die Frau erzählte mir später von dieser bitteren Zeit. Ich lasse sie nun selbst sprechen: „Von allen bist du gemieden, jeder hat Angst vor dir. Keinem Menschen kannst du dich anvertrauen, keinem sagen, was du mitmachst, was sie deinem Mann angetan haben. Schon 1940 hat ihn die Gestapo zum ersten Mal verhaftet. Im Werk waren Flugschriften aufgetaucht. Sie verdächtigten ihn, konnten ihm nichts beweisen. Trotzdem sperrten sie ihn ein. In der eiskalten Zelle ist er krank geworden. Eine schwere Angina. Kein Arzt. Kein Medikament. Die Krankheit hat auf seinen ganzen Körper übergegriffen. Plötzlich krieg ich ein Telegramm. Ich soll auf den Bahnhof kommen, sie schicken ihn mir. Auf einer Tragbahre. Er war fast am ganzen Körper gelähmt. Sie haben gedacht, der stirbt ohnehin von allein, geben wir ihn ihr zurück. Ich hab einen Arzt gefunden, der hat geholfen. Dann bin ich alle Ämter abgelaufen, hab gebettelt, sie sollen ihn auf Kur schicken. Vielleicht wird er wieder gesund, kann arbeiten, dann sparen sie sich die fünfzig Mark, die ich im Monat für ihn als Unterstützung bekommen hab. Er ist nach Baden gekommen, hat nach einigen Monaten gehen können, bald ohne Krücken. Sie haben ihn ins Rohrwerk geschickt, wo er früher gearbeitet hat. Schlosser und Schweißer ist er gewesen. Damals hat schon jedes Kind gesehen, wie rundherum alles zusammenbricht. Wir haben uns gesagt, man muss etwas tun, damit der Krieg aufhört, ehe auch bei uns alles hin ist. Ein paar alte Freunde sind noch dagewesen. Wir haben Sprengstoff aufgetrieben. Dann haben die Männer bei Kindberg ein Stück Bahngeleise gesprengt, einen Militärtransport haben wir aufhalten wollen. Aber nach dem Sprengstoffanschlag hat sich ein Gestapomann bei uns eingeschlichen. Ich hab dem Menschen von allem Anfang an nicht getraut. Ein paar Tage später ist alles aus gewesen. Meinen Mann haben sie bei der Arbeit gestellt. Er hat noch flüchten können, sie haben ihm nachgeschossen. Einen Knöcheldurchschuss hat er gehabt. Sie haben gerufen: ‚Aufhalten, aufhalten!‘ In der Mariazellerstraße sind die Leute zusammengelaufen, Frauen, Männer, wer da war. Die haben eine Menschenkette gebildet, die hat ihn aufgehalten. Mein Mann und die beiden anderen Männer sind gleich nach Graz gekommen. Uns Frauen haben sie am nächsten Tag zur Gestapo nach Graz gebracht. Beim ersten Verhör haben sie den Gestapo-Spitzel hereingeholt, haben mich gefragt, ob ich ihn kenne. Mein Mann hat immer zu mir gesagt, wenn sie dich einmal erwischen, sag, du kennst keinen. Du spürst nur den ersten Hieb. Die anderen spürst du nicht mehr. Ich hab gesagt, nein, den Herrn kenn ich nicht. Gleich hab ich eine gedonnert gekriegt, dass ich auf dem Boden gelegen bin. Ein paar Stunden haben sie mich in Ruhe gelassen. In der Nacht ist es wieder losgegangen. Nach einigen Tagen hat mich mein Stiefvater besuchen dürfen. Er hat mir etwas zu essen gebracht. Ich hab ihn gebeten, gib es meinem Mann, der hat vielleicht mehr Hunger als ich. Da hat der Stiefvater gesagt, ‚der braucht nichts mehr. Der ist tot. Aber sag nicht, dass du es weißt, sonst sperren sie mich auch noch ein, weil ich es dir gesagt hab.‘ Dann bin ich verurteilt worden. Hochverrat mit Feindbegünstigung. Todesstrafe. Und das Urteil wird in Kapfenberg daheim aufgeschlagen, als abschreckendes Beispiel. Sechs Monate war ich in der Todeszelle. Sieben Betten waren drin. Ich hab immer wieder Zuwachs bekommen, meistens nur für ein paar Tage. Bis zum Kommando: ‚Heraustreten, Kleider ablegen, waschen. Abmarsch in den Keller.‘ Im Keller sind sie geköpft worden. Dann bin ich wieder allein gewesen. Immer wenn die Tür aufgesperrt worden ist, hab ich gedacht, jetzt ist es soweit, jetzt holen sie mich. Später haben sie die Anni eingeliefert. Die ist drei Monate bei mir geblieben. Sie hat einen Franzosen zu den Partisanen gebracht. Jeden Abend hat sie gebeten, komm, schlaf bei mir, so lang wir noch leben. Sie war 27 Jahre alt. Wie ich. Einmal sagt sie zu mir: ‚Ich weiß, dir ist es egal, wenn du stirbst. Dein Mann ist schon tot. Aber meiner lebt noch, der sitzt in Dachau. Ich will weiterleben, ich muss da hinaus.‘ Sie hat einen Löffelstil abgebrochen und hinter den Betten ein Loch in die Wand zu kratzen angefangen. Ich hab ja gewusst, dass das keinen Sinn hat. Trotzdem hab ich ihr dabei geholfen, damit sie nicht glaubt, ich bin feig. Dann ist der Tag gekommen! Zeitig in der Früh ist sie aus dem Schlaf geschreckt. ‚Heut ist es soweit‘, hat sie gesagt. ‚Du wirst sehen. Ich hab vom Franzosen geträumt. Ich hab ihn mit einer brennenden Kerze auf dem Friedhof gesucht.‘ Wie sie das sagt, ist ein Lärm unten im Hof. Wir schauen aus dem Fenster. Da waren zehn Männer mit Ketten aneinandergefesselt. Der Franzose war dabei und die beiden Männer von unserer Gruppe. Der eine ruft herauf: ‚Jetzt bringen sie uns in den Feliferhof, dort werden wir erschossen.‘ Bald darauf ist ein Mann gekommen, ein kräftiger Mensch. Der sperrt die Zelle auf, ruft die Anni beim Namen. ‚Heraustreten‘, kommandiert er barsch. ‚Wo muss ich denn hin, Herr Aufseher?‘, fragt sie ihn voller Angst. ‚Das wirst du schon sehen.‘ Sie fängt zu weinen an, schreit verzweifelt: ‚Ich geh nicht mit. Mich bringt ihr nicht in den Keller. Ich will nicht sterben. Ich will leben.‘ Es war furchtbar. Ich hab sie in die Arme genommen. ‚Schau‘, hab ich zu ihr gesagt, ‚es nützt ja nichts. Aber weil wir jetzt schon so lange beisammen sind, geh ich mit dir hinunter.‘ Auf dem Gang draußen hat mich der Aufseher gepackt und in die Zelle zurückgeschoben. ‚Du bleibst da‘, hat er gesagt. Und mit ihr ist er in den Keller marschiert. Sie hat es gewusst. Sie hat eine Vorahnung gehabt. An dem Tag hat sie sterben müssen.

Ich hab gedacht, jetzt halt ich das nicht mehr länger aus. In der Nacht hab ich zu mir gesagt, probier es mit der Schnur von der Verdunkelungsrolle. Vielleicht hast du Glück, und es gelingt. Der Aufseher auf dem Gang hat es bemerkt. Er ist hereingekommen und hat mich herabgeschnitten. Er hat mich mit Schnaps abgerieben und mir eine Schale schwarzen Kaffee gebracht. ‚Schau', hat er mir zugeredet, ‚jetzt bist du schon so lange hier. Wir glauben immer, dein Akt ist nie nach Berlin gekommen. Der müsst ja schon längst da sein. Vielleicht kommst du doch noch davon.'

Zu dieser Zeit sind die Luftangriffe immer ärger geworden. Ich bin am Fenster gestanden und hab zugeschaut, wie sie die Bomben herabgeworfen haben. Wer sein Urteil gehabt hat, der hat nicht mehr in den Schutzraum dürfen. Vielleicht schlägt eine bei uns ein und reißt ein Loch auf, hab ich gehofft. Und wie ich das denk, hör ich sie schon pfeifen. Eine trifft das Wächterhaus gegenüber. Der Luftdruck haut die Fenster ein, reißt die Tür auf. Er schleudert mich durch die Zelle, durch den ganzen Gang, bis zum anderen Fenster. Rundherum ist alles rot. Eine Frau schreit um Hilfe, sie glaubt, wir brennen. Aber es ist nur der Ziegelstaub. Ich steh auf, bin noch ganz benommen. Da muss jetzt irgendwo ein Loch sein, durchfährt's mich. Das gibt es nicht, dass da jetzt nicht irgendwo ein Loch ist, durch das ich flüchten kann. Ich geh weiter, da sind schon wieder überall Gitter. Und auf einmal steht die Aufseherin vor mir. ‚Was suchst du denn da?', fragt sie mich. ‚Ich weiß es nicht', sag ich. ‚Der

Luftdruck hat mich bis daher geschleudert. Ich bin noch ganz durcheinander.‘ Darauf sie: ‚Geh zurück in deine Zelle. Ich weiß schon, was du suchst. Du suchst ein Loch. Aber es gibt keines.‘“

Die ungläubige Mutter ruft den lieben Gott an

Am meisten fürchtete sich unser deutscher Schäfer vor den Fliegern und den Bombenangriffen. Hob die Sirene auf dem gegenüberliegenden Hausdach zu heulen an, heulte er mit. Er verdrehte den Kopf, stieß ein paar jammervolle Töne aus und sauste zur Kellertür. Er sprang hoch, tappte mit den Pfoten auf die Klinke und stieß mit der Schnauze die Tür auf. Die Stiegen stürzte er hinunter. Wenn die Flak zu schießen anfing, zitterte er wie ein Lampelschweif. Der „Scheißkerl" von Hund, wie der Vater ihn schimpfte, zog seine verstümmelte Rute zwischen die Beine und verkroch sich hinter dem Waschkessel.

Unser Schutzraum befand sich in der Waschküche im Keller. Ein aus der Trennmauer herausgebrochenes Loch öffnete ihn zum Neben haus. Sollte eine Bombe einschlagen und unseren Ausgang verschütten, konnten wir uns hinüberretten. Umgekehrt die Nachbarn zu uns. An den Hauswänden außen zeigten weiße Pfeile den Hilfsmannschaften Schutzräume und Notausgänge an.

Sobald die Gefahr vorbei schien, kehrte der Mut in den Hund zurück. Er stürmte als erster die Treppe hinauf und ins Freie. Wütend bellte er den verschwundenen Fliegern nach und schnappte nach den Lamettastreifen, die sie zur Irreführung der Höhenmesser der Flugabwehr herabgeworfen hatten. Bei Aufwind tanzten sie oft noch eine ganze Weile später vom Himmel. Auf dem Gartenweg fanden wir die Splitter der Flakgranaten. Sie waren scharfkantig, manche fingerlang. Wen sie trafen, dem schlugen sie ein Ohr ab oder den Kopf ein.

Was wir vom Bombenkrieg spürten, war, gemessen am Unglück der Städte im Altreich, ein mittleres Erdbeben, weit weg vom Epizentrum. Aus Radio und Zeitungen erhielten wir zurechtgestutzte Meldungen. Meist hieß es nur, angloamerikanische Terrorflieger hätten ihren Krieg gegen die deutsche Zivilbevölkerung fortgesetzt. Es habe Opfer gegeben. Wie viele stand nirgends. Gerüchte ergänzten die Nachrichten. Aus ihnen hörten wir vom Phosphorregen auf Hamburg, von Menschen, die im kochenden Asphalt der Straßen verbrannten.

„Das werden sie uns in Österreich nicht antun", verlautete der Vater, nachdem er wieder einmal den „Engländer" oder Radio Beromünster, den Schweizer Sender, abgehört hatte. Das war bei gleicher Strafe verboten wie das Abhören von Feindsendern. Der Vater sagte Österreich, nicht Ostmark. „Ostmark" war kaum jemals über seine Lippen gekommen, auch wir mieden das Wort, in Gedanken hing immer gleich der Schlappschwanz dran, den die Deutschen aus dem Altreich uns andichteten. Von den verbotenen Nachrichten wusste der Vater, dass nach dem Krieg aus der Ostmark wieder Österreich werden sollte. Unterdessen war den meisten unserer Bekannten klar geworden, dass der Anschluss im März 1938 in Wahrheit eine Besetzung gewesen war. Der Jubel beim Einmarsch der Deutschen Wehrmacht wurde in der Erinnerung immer leiser. An dem großen Fackelzug durch unsere

Stadt hatten nur deshalb so viele Leute teilgenommen, weil sie arbeitslos gewesen waren und nichts Besseres zu tun gewusst hatten. Die anfängliche Begeisterung für Deutschland und die Deutschen war am Erkalten, sie war nur ein Strohfeuer gewesen. Er war rundherum am Erlöschen. Viele einstige Österreicher, die gern wieder Österreicher werden wollten, bewegte am meisten die Sorge, wie sie mit heiler Haut den Krieg überstehen sollten. Uns bewegte sie genauso. Auf die Bomber der Engländer und Amerikaner schauten wir mit gemischten Gefühlen. Wir wünschten, dass sie alles, was den Krieg verlängerte, zusammenschlagen mögen. Und dass sie uns dabei nicht erwischten.

Eines Nachts sah es aus, als sollten wir ihnen nicht entgehen. Es sah sogar danach aus, als hofften wir umsonst, wir würden glimpflicher angegriffen als die Deutschen.

Vor dieser Nacht und auch danach haben wir die Mutter, die von sich glaubte, sie glaube an nichts, nie wieder beten gehört. Wir hatten unsere Schulaufgaben erledigt, der Mutter beim Hasen- und beim Ziegenfüttern geholfen. Während sie uns das Abendessen richtete, lasen wir in unseren heißgeliebten Schundheften. Rolf Torring war am beliebtesten, der Hauptheld Pongo war unser „Superman".

Zum Abendessen gab es Grießkoch, dazu gekochte Erdäpfel, damit wir auch sicher satt wurden. Der Soldatensender Belgrad spielte gerade das Lied von Lilli Marlen. Hauptsächlich deswegen blieb er bei uns bis 10 Uhr nachts eingeschaltet. Wie die Soldaten an allen Fronten konnten auch wir es nicht oft genug hören.

Das Lied wurde plötzlich unterbrochen. Eine Ansagerin meldete: „Wir bringen eine Luftlagemeldung. Über Serbien und Montenegro befinden sich feindliche Kampfverbände im Anflug nach Norden. Ein erster Verband hat Kroatien erreicht. Wir melden uns in Kürze wieder."

Wir mampften Grießkoch mit Erdäpfeln und ließen uns von Pongos Taten fesseln. Der Vater sagte: „Das sind die Engländer. Die kommen immer in der Nacht. Wahrscheinlich fliegen sie über Kärnten nach München hinaus." Er war schon zum Schlafengehen fertig. Bald nach Mitternacht musste er wieder auf und zum Stahlabgießen in die Fabrik.

Die nächste Luftlagemeldung besagte, dass die gemeldeten Kampfverbände nach Norden abgeflogen waren. Über Serbien, Kroatien und Montenegro befand sich kein feindliches Flugzeug mehr. „Die sind schon weg", sagte die Mutter. Mit Geographie war es bei ihr nicht weit her. Sie wollte nicht glauben, dass im Süden von uns Afrika und im Norden Schweden lag.

„Geht schlafen", sagte sie, „morgen ist auch noch ein Tag."

Und dann überstürzte sich alles. Im Süden von uns lag zum Beispiel auch Kroatien. Die Flieger waren in der Nähe. Die Sirene heulte, der „Scheißkerl" flitzte in den Keller, der Vater kam erbost aus dem Zimmer. Er war gerade eingeschlafen. Wir warfen unseren Superman hin, zogen eine Jacke über. Im Keller war es immer kalt. Wir waren noch nicht auf der Stiege, als das Nebelhorn in der Fabrik zu tuten anhob. Es kündete gewöhnlich mit einem langen Dauerton den Schichtwechsel an. Jetzt tutete es kurz hintereinander. Das hieß Betriebsalarm. Es sah gefährlich aus. Bei Betriebsalarm durften auch die Arbeiter an den Schmelzöfen und im Gaswerk alles hinwerfen und in den Luftschutzstollen laufen. Kamen sie nicht mehr so weit, weil die feindlichen Flieger schon am Himmel dröhnten, blieb ihnen nur der Weg in Keller oder Splittergräben.

Ein einzelnes Motorengeräusch war vernehmbar. „Das ist nur ein Aufklärer", meinte der Vater, „der tut uns nichts." Doch seltsam, obwohl der elektrische Strom abgeschaltet worden war, erfüllte rötliches Licht den Raum. Wir eilten die Stiege hoch, traten aus der Tür. Da sahen wir die Bescherung! Vom Himmel schwebten riesige „Christbäume". Es sah aus, als ob der liebe Gott mit uns Weihnachten feiern wollte. Wir wussten, was das bedeutete. Die Magnesiumfackeln markierten das Ziel eines Bombenabwurfs.

Dumpfes Dröhnen näherte sich. Unbeirrbar flog es heran. Suchscheinwerfer tasteten den Himmel ab. Die Flak feuerte. Wir stürzten wieder in den Keller. Die ersten Bomben explodierten. Unser armes Haus zitterte. Der dicke Eichenpfosten, Splitterschutz vor dem Kellerfenster, knatterte an die Mauer. Wir duckten uns unter den Türstock, drängten uns in die Winkel der Waschküche. Die Mutter hatte den kleinen Bruder aus dem Bett gerissen, deckte ihn mit ihrem Körper. Sein Engelsschlaf hielt ihm fern, was geschah. Die Mutter bekreuzigte sich. „Vater unser, der du bist in dem Himmel“, stieß sie hervor. Trotz meiner Angst erfasste ich staunend, dass sie betete. Ich hatte nicht gewusst, dass sie es konnte. Über allen Lärm hinweg drangen ihre Worte in mich. „Heilige Maria, Mutter Gottes, bitte für uns arme Sünder.“ Jetzt ist alles aus, dachte ich, die Mutter betet. Und in dem Augenblick, da ich es dachte, wich die Angst von mir.

Plötzlich war alles vorüber. Die Einschläge dröhnten aus weiterer Ferne, einige Spätzünder explodierten noch, dann blieb es still. Wir folgten Rolf ins Freie. Kein Feuerschein und, soweit wir es im matten Sternenlicht erkennen konnten, auch keine Spur von Zerstörung.

Ich bildete mir nie ein, der „liebe Gott“ habe sich vom Gebet der Mutter beeindrucken lassen. Ein unerwarteter Windstoß hatte die „Christbäume“ ein paar hundert Meter aus dem Zielgebiet geweht. Die Flieger warfen ihre Last ins markierte Feld. Die meisten Bomben waren in die Wälder außerhalb bewohnten Gebietes gefallen.

Wie ich beinahe zur SS kam

Jeden Montag versammelten wir uns zeitig am Morgen auf dem Fahnenplatz vor der Werksschule zum Betriebsappell. Der Ausbildungsleiter, ein knorriger Mann mit glühenden Augen und einem schweren Schmiss im Gesicht, hielt eine Ansprache. Zum wichtigen Anlass trug er statt des blauen Arbeitsmantels seine Parteiuniform. Erst wurde gesungen. „Deutschland, heiliges Wort" oder „In den Ostwind hebt die Fahnen, denn im Ostwind stehn sie gut".

Er rief uns auf, in der neuen Arbeitswoche unsere Pflicht für Großdeutschland zu erfüllen. Seit einigen Wochen glühten seine Augen heftiger, sein Wangenzeichen grub sich tiefer. Er beendete seine Ansprache mit einer Andeutung, die geheimnisvoll klingen sollte. Da wir sie schon oft vernommen hatten, hielten wir sie, wie vieles, was er uns erzählte, für Propaganda. Er sagte: „Es gibt einige unter euch, die sind verzagt und kleinmütig geworden. Mancher zweifelt sogar am Führer selbst. Aber die Zweifler werden es schon sehen. Die Wunderwaffen kommen eher, als ihr denkt."

Zum Abschluss der Feier sangen wir das Deutschlandlied, reckten dabei die Hand grüßend zur hochgezogenen Hakenkreuzfahne empor. Meist forderte er uns nach dem Deutschlandlied noch zu einem dreifachen „Sieg Heil"-Ruf auf. Wir brüllten es und gingen an die Arbeit, wer an diesem Tag theoretischen Unterricht hatte, in die Schule.

Nach manchem Betriebsappell wurde uns noch eine Pause erlaubt. Wir tollten herum, einige erprobten ihre Boxkunst, beliebt war ein gefährliches Spiel, dem der Ausbildungsleiter wohlgefällig zuschaute. Ein kräftiger Lümmel packte einen schwächeren Jungen von hinten, dieser musste tief einatmen, die Luft anhalten, der andere drückte seinen Brustkorb zusammen. Nach wenigen Sekunden war der eine bewusstlos. Es dauerte nicht lang, schlug er die Augen auf, schaute ein paar Mal blöd herum und wusste nicht, wo er war. Bei einem weißhäutigen, strohhaarigen Jungen funktionierte es am besten. Er ließ es sich auch gern gefallen, die kurze Bewusstlosigkeit half ihm für eine Weile die Schule und seine Schwierigkeiten mit ihr zu vergessen. Der Ausbildungsleiter hatte gegen diese dumme und gefährliche Mutprobe nichts einzuwenden. „Mit dem Rechnen hapert's, aber feig bist du wenigstens nicht", lobte er den Strohkopf.

In unser Werkstattheft trugen wir ein: Montag, Betriebsappell, zwei Stunden. In die darüber befindlichen Zeilen war jede Woche ein Sinnspruch einzuschreiben. Wir schrieben, was wir gehört, gelesen, aufgeschnappt hatten. Das waren so bekannte Weisheiten wie: „Was Hänschen nicht lernt, lernt Hans nimmermehr." „Jung gewohnt, ist alt getan." Auch Sprüche aus unseren „Hilf mit"-Heften aus der Hauptschulzeit ließen sich verwenden. Sie waren schon ein wenig zeitnäher. „Wer kämpft, hat Recht, wer nicht kämpft, hat alles Recht verloren." „Das Banner muss stehen, wenn der Mann auch fällt." Aussprüche des „Führers" waren am gefragtesten. Ich erinnerte mich einiger. „Wo der deutsche Soldat steht, da kommt kein anderer hin.“ Das galt, seit es nach dem Verlust von Stalingrad mit Deutschland abwärts ging, nicht mehr. Als Führerspruch war es unanfechtbar. In der darauf folgenden Woche notierte ich einen anderen seiner Sprüche. „Es kann nur einer siegen, und das sind wir.“ Der für die saubere Führung der Werkstatthefte verantwortliche Fachlehrer las meine Sprüche und sah mich forschend an. Er schien nicht sicher, ob ich ein Opfer des bei etlichen Leuten noch immer vorhandenen fanatischen Glaubens an den „Führer“ war oder ob ich aus versteckter Heimtücke hinschrieb, was nicht mehr stimmte. Der Fachlehrer war ein rundlicher Mann aus dem Gau Niederdonau. Wie unbedeutend er aussah, so gern mochten wir ihn. Er hatte immer einen Witz auf der Zunge, hörte manchmal mitten im Erzählen auf, wenn er fürchtete, sich damit die Zunge zu verbrennen. Dann sagte er rasch: „Buben, lernt Algebra, die werdet ihr auch noch brauchen, wenn wir gesiegt haben.“ Gab es Fliegeralarm, rief er, „mein Hut, mein Stock“, griff um seine Sachen und lief allen voran zum Luftschutzstollen im Berg. Wahrscheinlich mochten wir ihn, weil er in dieser Zeit der Helden so wenig einer war wie unser Hund und sich nicht scheute, es jedem zu zeigen.

Nachdem ich meine beiden Sprüche zum zweiten Mal hintereinander ins Werkstattheft geschrieben hatte, fragte er mich leise: „Fällt dir denn gar nichts Gescheiteres ein?“ Darauf schrieb ich in der nächsten Woche: „Lügen haben kurze Beine.“

Die angekündigten „ganz großen" Wunderwaffen kamen und kamen nicht. Dafür rückten die Russen immer näher heran. Für alle Fälle sollten wir in die Lage versetzt werden, mit Panzerfäusten russische Panzer zu knacken. Panzerfäuste galten auch als Wunderwaffen. Sie bestanden bloß aus einem Rohr und einem Treibsatz. Der Kopf vorn hatte die Eigenschaft, sich in einen Panzer hineinzufressen und erst dann zu explodieren.

Nacheinander wurden die Lehrgänge unserer Schule zur Ausbildung an der Panzerfaust und an Gewehren einberufen. Ich kam auch an die Reihe. Auf der Tollinghöhe hinter Leoben war in einem ehemaligen Kinderheim ein Wehrertüchtigungslager eingerichtet. Als die Ostmark noch Österreich gewesen war, hatten sich dort unterernährte Arbeiterkinder in der gesunden Waldluft erholt. Das war lange her. Jetzt lernten Halbwüchsige wie wir dort das Schießen.

Im hinteren der beiden Gebäude klaffte, als wir ankamen, ein großes Loch. Bis zum ersten Stockwerk war die Mauer herausgebrochen. Wenige Tage zuvor war eine Panzerfaust während der Vorführung explodiert. Von den drei Dutzend jungen Burschen kam die Hälfte um, die übrigen wurden verletzt ins Leobner Spital eingeliefert. Ein paar, die fast heil davon gekommen waren, wendeten inzwischen, was sie über die Panzerfaust gelernt hatten, in der Gegend um den Plattensee an. Bis dorthin waren die Russen schon vorgedrungen.

Beim Schuttwegräumen gab es grausige Funde. Unter den Trümmern stießen Mitschüler auf die Überreste von

Zerfetzten. Es schadete nicht, sich früh an solchen Anblick zu gewöhnen, wir sollten ja gegen die Grauen des Krieges abgehärtet werden.

Die Ausbildung oblag einem Leutnant, der an der Front ein Bein verloren hatte. Wer sich beim Schießen hervortat oder eher aus Zufall, wie ich, ins Schwarze traf, bekam zum Lohn ein Stück Kuchen oder eine Portion Pudding.

Am Ende der Ausbildungswoche versammelte er uns im Lehrgangsraum. Er lobte unseren Eifer – ob wir einen solchen bekundet hatten oder nicht – sprach über die kommenden Wunderwaffen und äußerte seine Überzeugung vom unvermeidlichen Endsieg Deutschlands. Am Schluss kam er zur Sache. Er sagte: „Ihr seid zwar noch zu jung, um offiziell zur Wehrmacht einberufen zu werden. Aber ihr könnt euch schon jetzt freiwillig zum Kriegseinsatz in der SS-Division Hitlerjugend melden." Und da er unsere Kampfbegeisterung und unsere Siegeszuversicht gesehen habe, sei er überzeugt, dass wir uns auch melden würden. Er machte uns die freiwillige Meldung noch durch den Hinweis auf den Namen des „Führers" schmackhaft, den diese neu aufgestellte SS-Einheit trug.

Wir waren weder kriegsbegeistert noch glaubten wir an den Sieg. Wir hofften, der Krieg werde zu Ende ein, ehe auch wir kaum Sechzehnjährigen noch als Kanonenfutter herhalten mussten. Zu sagen, was wir dachten, wäre dasselbe gewesen, wie den Kopf in die Schlinge zu stecken. So sagten wir vorerst nichts. Ein paar Hände hoben sich zögernd, um ihr Einverständnis mit der „Freiwilligenmeldung“ zu bezeugen.

Der Leutnant freute sich. Die verbleibende Bubenschar nahm er ein wenig schärfer ins Gebet. Er glaube nicht, sagte er, dass wir weniger mutig wären als unsere Kameraden. Wir hätten nur eben noch nicht ganz kapiert, welche Ehre es sei, unter dem Namen Adolf Hitler am gerechten Kampf Deutschlands gegen seine Feinde teilzunehmen.

An den gerechten Kampf Deutschlands glaubten wir schon lange nicht mehr. Die anfängliche Begeisterung vieler Leute hatte sich mit den Blitzsiegen verflüchtigt, das Gerede vom Lebensraum im Osten, den das deutsche Volk brauchte und wofür der Krieg angeblich geführt werden musste, verstummte langsam, Deutschland kämpfte, so hieß es immer öfter, um die Welt vor dem Bolschewismus zu retten.

„Das wollt ihr doch auch!“, rief der Leutnant, und weil wir fühlten, dass er nicht locker lassen werde, bis wir uns alle „freiwillig“ zur SS-Division Hitlerjugend gemeldet hatten, hoben wieder einige ihre Hände.

Den Rest knöpfte er sich einzeln vor. „Du siehst ja nicht wie ein Feigling aus“, sagte er zu mir, „du musst wohl erst nur noch deinen inneren Schweinehund überwinden.“

Mein innerer Schweinehund riet mir, mich nicht freiwillig zu melden, schon gar nicht zur SS. Ich brachte meine Abneigung gegen diese Organisation weniger mit dem Halbbruder der Mutter und dem, was er in Polen getan hatte, in Verbindung – das hatte ich fast vergessen –, als mit dem Unbehagen vor den Totenköpfen an ihrer Uniform, und mit meinem Ekel vor Totenköpfen überhaupt.

Zur Bekämpfung des inneren Schweinehundes wurde uns eine kleine Pause eingeräumt. Einer aus unserer kleinen Schar schlug vor, wir sollten uns darauf herausreden, ohne Zustimmung unserer Eltern einen solchen Schritt nicht tun zu wollen. Wir hielten das für einen glaubwürdigen Grund. Der Leutnant hörte es sich an, dann fragte er scheinheilig, ob wir denn glaubten, dass unsere Eltern Deutschlands Sieg wollten. Die Fangfrage war zu plump, um den Dümmsten unter uns hereinzulegen. Natürlich waren unsere Eltern für den Sieg. Anderes auch nur anzudeuten, hätte für sie das Ende bedeutet. Wenn das so sei, sagte der Leutnant, könnten sie ja eigentlich nichts gegen unsere freiwillige Meldung einzuwenden haben. Der leise fragende Unterton in einer Stimme war eine unüberhörbare Drohung.

Nun blieben nur noch ein paar Feiglinge übrig. Der Mann, dem man ein Bein weggeschossen und den Verstand, der ihn befähigt hätte, die Dinge zu sehen, wie sie waren, amputiert hatte, schrie eine Weile mit uns herum. Er hieß uns Drückeberger und Feiglinge, riet uns, dem Beispiel unserer Kameraden zu folgen, so lange noch Zeit dazu war, die wüssten nämlich, was wir dem Führer und dem ganzen deutschen Volk schuldeten.

Was immer wir dem „Führer“ schulden mochten, so viel konnte es nicht ausmachen, wie mir mein Leben wert war. Nicht einmal, wenn ich zu meiner Schuld das kleine Häuschen dazurechnete, für das der Vater ohnedies jeden Monat seine sauer verdienten Reichsmark abbezahlte.

Jenem unter uns, der schon den ersten Vorschlag wegen der elterlichen Zustimmung getan hatte, kam eine furchtbare Idee. Er stotterte heraus, dass er seinen Vater deshalb um sein Einverständnis fragen müsse, um später keinen Vorwurf von ihm zu bekommen, sollte der Zweite Weltkrieg so ausgehen wie der Erste.

Der Leutnant erstarrte. Alles Leben wich aus seinem Antlitz, leichenblass sah er aus, als habe ihn der Schlag gerührt. Dann schoss ihm das Blut in die Wangen zurück. Er brüllte. Was er eben gehört habe, wolle er nicht gehört haben. Denn wenn er es gehört hätte, müsste er diese ostmärkische Drecksau samt dem Vater, der sie in die Welt gesetzt habe, augenblicklich an die Wand stellen lassen.

Wir hatten die Hosen voll und zitterten um unseren Freund. Es sah böse aus, nicht nur für ihn allein, für uns alle. Aber die Angst fand ein rascheres Ende, als wir zu träumen wagten. Plötzlich stockte der Leutnant, er stieß seine Krücke noch einmal auf den Boden, brüllte uns an: „Haut jetzt ab. Aber ihr schwört mir, wenn ihr nach Hause kommt, holt ihr das Einverständnis eurer Eltern ein, und dann meldet ihr euch bei der Bannführung."

Die SS-Division Hitlerjugend blieb mir erspart. Es kam einiges dazwischen, so etwa der Einberufungsbefehl zum Reichsarbeitsdienst. Aber auch der Einsatz bei dieser Vereinigung blieb mir erspart – es kam das Ende des Krieges dazwischen. Allerdings hätte die Zeit ausgereicht, mich an irgendeiner anderen Stelle, wie es vielen passierte, noch im letzten Moment an die zerbrechende Front zu werfen. Dass es nicht dazu kam, ist unserem Hausarzt zu danken. Er war ein verschworener Hitleranhänger, aber sein Verstand war nicht so vernebelt wie der anderer Leute in seinem Rang. Er nahm etwas auf sich, um einen Jungen wie mich nicht noch zu einem Zeitpunkt, da vom Großdeutschen Reich nicht einmal durch ein Wunder noch etwas zu retten gewesen wäre, für dieses Reich in den Krieg zu schicken; doch davon später.

Anderen Jungen meines Alters erging es nicht so gut wie mir. Ich las davon vor einigen Jahren in den Zeitungen. In Deutschland sollten sich Angehörige der SS-Division Hitlerjugend vor Gericht für Untaten von SS-Einheiten verantworten. Es fiel ihnen schwer, glauben zu machen, ihre freiwillige Zugehörigkeit zur SS – die ja eine Organisation von Freiwilligen war – sei so freiwillig gewesen wie die meine, wäre es doch dazu gekommen.

Schwarzer Frühling

Über der ganzen Steiermark lag Sonnenschein. Der Frühling war seinem Datum vorausgelaufen, zwischen den Äpfelbäumen, die der Vater auf dem Hang hinter dem Garten gepflanzt hatte, wuchsen noch ein paar verspätete Himmelsschlüssel. Der Hund lag halb auf dem Sprung in der Sonne, er schien nicht sicher, ob er dem heiteren Himmel und der Mutter trauen durfte.

Diesmal galt ihre scharfe Stimme nicht ihm. Sie war von der anderen Seite des Hauses zu vernehmen. Die Mutter war kurz vorher in den Garten herausgelaufen gekommen, hatte den kleinen Bruder gepackt und war mit ihm zur straßenseitigen Tür gerannt. Ein BDM-Mädchen hatte geklingelt. Sie fragte nach mir. Warum ich meine freiwillige Meldung noch immer nicht nachgeholt hätte. Die Mutter schob ihr den kleinen Bruder hin: „Da, nehmt den auch, vielleicht kann der die russischen Panzer aufhalten."

Die Tür flog zu. Die Mutter kam wieder in den Garten zurück. Rolf blieb liegen, diesmal hatte nicht er als Ventil herhalten müssen, die Wut der Mutter war gleich an die richtige Adresse gegangen. Aber noch hatte sie sich nicht beruhigt, „dieses tepperte Lausmentsch", alterierte sie sich heftig und mit lauter Stimmer. Und dann leiser an mich gerichtet: „Was wollen sie denn immer noch mit der SS, jetzt hast du ja schon die Einberufung zum Arbeitsdienst. Die möchten halt am liebsten aus einem jeden zwei machen."

Der Tag meiner Einberufung in ein Arbeitsdienstlager in Kärnten rückte nahe. „Du gehst mir nicht", sagte die Mutter. Ich sah keine Möglichkeit, dieser Pflicht zu entkommen. Der Reichsarbeitsdienst war längst zu einer Gliederung der Wehrmacht geworden. Der Bruder war schon bei einem Soldaten-Schnellsiederkurs auf der Schmelz bei Judenburg, der Vater beim Volkssturm. Mich wollte die Mutter nicht auch noch hergeben. „Mir wird schon etwas einfallen", sagte sie.

An diesem ersten Frühlingstag nach dem Kalender fuhr, wie jeden Tag, ein Autobus von Passail über den Rechberg nach Frohnleiten. Um sechs Uhr früh fuhr er ab, zeitig am Nachmittag wieder zurück. Ich war die Strecke mehrmals die Bauernhöfe abhamsternd zu Fuß gelaufen. Am unvergesslichsten in Begleitung der mit dem sechsten Sinn begabten Frau Lintschi. Sie war auch an diesem Tag in der Gegend unterwegs. Auf einem Hof bei Bekannten verschlief sie die Zeit und versäumte den Autobus. Sie versäumte eine Schreckensfahrt. Von ihr erfuhren wir die ersten Einzelheiten darüber. Sie ging zu Fuß den Weg zurück, sah knapp vor dem Murtal den zerschossenen Autobus. Unter eine hohe Linde vor einem Wirthaus hatte er sich geflüchtet. Die Erinnerung an die Fahrt begleitete die Leute, die sie erlebt hatten, ihr Leben lang. Eine Frau erzählte mir:

„Wir sind an der Rechberg-Station gestanden und haben auf den Bus gewartet. Es war ein schöner Tag, keine Wolken am Himmel. Wir sind jeden Morgen zur Hauptschule nach Frohnleiten gefahren. Eh der Bus da war, hörten wir vom Tal herauf Tiefflieger. Wir dachten, die sind heute früh dran. Wahrscheinlich haben sie es wieder auf die Eisenbahnzüge abgesehen. Im Autobus haben wir die Flieger schon wieder vergessen gehabt, auch kaum mehr daran gedacht, dass sie schon gestern Berg und Tal überflogen hatten, als suchten sie etwas, auf das sie schießen konnten. Der Motorlärm im Inneren des Omnibusses war so laut, dass man von draußen nichts gehört hat. Plötzlich hat es entsetzlich gekracht, das Fensterglas ist zersplittert, die Leute haben geschrieen. Ich greife nach meinen Zöpfen, aber es ist nur mehr einer da. Der andere ist weg, knapp unter dem Ohr herabgefetzt. Ich hab gedacht, jemand hat mir auf den Arm geschlagen. Der Chauffeur ist trotz des Schreiens der Verletzten weitergefahren, bis zur Linde bei dem einstigen Gasthaus. Er hat noch gesagt, ‚heut schaun wir lieb aus', dann ist er zusammengesunken. Am Rücken war er voll Blut von ein paar Steckschüssen, daran ist er später auch gestorben. Neun Fahrgäste waren gleich tot, viele andere durch die Schüsse aus der Bordkanone des Tieffliegers schwer verletzt. Über dreißig Einschüsse hat man an dem Wagen gezählt. Wie mich meine Leute im Spital besucht haben, haben sie mich zuerst gar nicht erkannt, wegen des weggeschossenen Zopfes. Ich hätte drei Schutzengel gehabt, sagten sie, einer allein hätte das gar nicht ausrichten können, ein paar Streifschüsse am Arm, der Zopf knapp am Kopf weg und trotzdem lebendig."

Um dieselbe Zeit begleitete ein zum Volkssturm eingezogener Berufskollege des Vaters einen traurigen Zug halbtoter Juden durch die Steiermark. Man hatte ihn für diese Aufgabe ausgewählt, weil man aus seiner Vergangenheit schloss, er werde auch dabei seine Pflicht für das Vaterland erfüllen. Er war noch während er Verbotszeit illegales NSDAP-Mitglied geworden aus Begeisterung über den Aufschwung in Deutschland nach der Machtergreifung Hitlers, der versprochen hatte, dass er die Ostmark in einen blühenden Garten verwandeln werde. Trotz seiner Leichtgläubigkeit glaubte er nicht an den Krieg – bis er da war. Und er glaubte nicht an Verbrechen gegenüber Wehrlosen, bis er selbst sie vollziehen sollte. Was er für Feindpropaganda gehalten hatte, im schlimmsten Fall für Vergehen übereifriger Parteigenossen, von deren Handlungen der „Führer" gewiss nichts wusste, wie er und viele seinesgleichen in kindlicher Arglosigkeit sich einredeten, das verlangte man nun von ihm als Pflichterfüllung für das Vaterland. Den sterbenden Rest einstiger ungarischer Judengemeinden vor Augen, die wie Karnickel von erbarmungslosen Treibern zum Abschuss vor ihre Jäger getrieben wurden, brach er zusammen. Man musste ihn nach Hause schicken. Dann sei er, wie der Vater sich erinnerte, tagelang unansprechbar herumgehockt, den Kopf in den Händen, und habe nichts herausgebracht als die Worte: „Das waren keine Menschen mehr." Wen er meinte, musste er nicht erklären, es galt für beide, für die Gepeinigten und für ihre Peiniger. Es blieben von diesen noch genug freiwillig auf ihrem Posten, um den erteilten Befehl auszuführen. Am Anfang waren es etwa tausend Menschen gewesen, die von der ungarischen Grenze mit dem Ziel Mauthausen durch die Steiermark getrieben wurden. Von einem Kilometerstein zum anderen verringerte sich ihre Zahl. Wer von den knochendürren Geschöpfen hinfiel, starb im Straßengraben, erzählte der Berufskollege des Vaters später, als er seine Sprache wiedergefunden hatte. Manche wurden aus dem Zug herausgeschossen, noch ehe sie aus Erschöpfung hingefallen waren, besonders vielen geschah das in der Gegend um Frohnleiten. Später schwenkte der Zug vom Murtal ab, der Hochalpe zu. Wie viele Juden noch lebten, als sie in die Nähe einer denkwürdigen Stelle in der jüngeren Geschichte unseres Landes kamen, weiß niemand. Gemeint ist jener Ort, an dem elf Jahre zuvor Koloman Wallisch seinen letzten Getreuen geraten hatte, jeder möge sehen, wie er sich in Sicherheit bringen könne. Den Juden riet niemand, sich zu retten. Das Urteil über sie war von einem Mann, den das Unglück und der Selbstbetrug eines Volkes zu dessen Führer und obersten Richter hochgespielt hatte, längst gesprochen worden. Vollziehen durfte es der schäbigste seiner Spießgesellen.

Von allen Schrecken unberührt, blaute der Himmel werter über dem Land. Doch für viele hing ein schwarzer Himmel über einem schwarzen Frühling.

Die letzte Insassin der Zelle 57 des Grazer Landgerichtes durfte ihn nicht sehen. Es war ihr verboten, durch die Vergitterung ihres Kerkers einen Blick auf den Himmel zu werfen. Sie kümmerte sich nicht um das Verbot. Fast ein halbes Jahr saß sie schon hier, stündlich des Todes gewärtig.

„Wenn ich zum vergitterten Fenster hochgestiegen bin, hat mir der Regierungsrat, ein Aufseher oder wer mich sonst entdeckt hat, zugerufen: ‚Weg vom Fenster, Zuchthausweib!‘ Ich hätte ein Stück des blauen Himmels sehen können. Mir war das schon ganz egal, was sie sagten, ich hab gar nicht darauf geachtet. Mehr als das Sterben konnte mir nicht geschehen, und dazu war ich hergerichtet. Einmal seh ich unten im Hof ein Lastauto voll beladen mit Särgen. Ich hab hinuntergerufen, ob sie meinen auch dabei hätten. Ein Aufseher schreit herauf: ‚Ja, du, wir führen alle weg. Auch deinen. Und das Schafott im Keller ist auch schon abmontiert. Es wird nicht mehr geköpft.‘ Er schiebt weiter die Särge auf den Wagen, schaut noch einmal zu mir her, ruft mir zu: ‚Aber aufhängen tun sie noch, das sag ich dir.‘ Bald darauf lässt mich der Staatsanwalt zu sich rufen und sagt, die Vollstreckung des Urteils ist aufgeschoben, bis die Russen zurückgeschlagen sind. Gleich darauf ruft er mich wieder, das Urteil wird in drei Stunden vollstreckt. Dann ist der Regierungsrat mit einem Wisch gekommen, den sollte ich unterschreiben. Darauf stand, die Herren vom Grazer Landgericht hätten mir das Leben gerettet. Ich soll es mit meiner Unterschrift bestätigen. Der Wisch ist für die Russen, das Gefängnis wird verlegt, es könnte sein, dass wir unterwegs schon mit ihnen zusammentreffen. Ich war bereit zu unterschrieben, aber erst, wenn uns die Russen erwischt hätten. Denn wenn ich jetzt unterschriebe, hab ich gesagt, dann wären sie aus dem Wasser und ich vielleicht tot.“

Am Ostersonntag rief mich ein ungewohnter Lärm zeitig am Morgen ans Fenster. Nun sah ich den Grund: So viele Zigeuner hatten während der elf Barackenjahre alle zusammengenommen nicht in der Bach-Au gelagert, wie jetzt auf unserer Straße waren. Dass es Zigeuner wären, glaubte ich nur in meinem Dämmerzustand kurz nach dem Aufwachen. Die Zigeuner kamen längst nur mehr, wie die Juden, in Redensarten vor. So sagte die Mutter, wenn sie in unser unaufgeräumtes Zimmer trat, da sieht es aus wie in einem Zigeunerlager, oder es hieß, wenn der Hund von Frau Zenzi irgendwo auftauchte, das ist ein echter Zigeuner. Die Leute auf der Straße hatten mit den verschwundenen Zigeunern eines gemeinsam: Sie besaßen keine feste Bleibe mehr. Es waren Oststeirer und Burgenländer auf der Flucht vor den Russen. Mit allem, was fahrbar war, waren sie gekommen. Leiterwagen, Mulis oder Pferde vorgespannt, die ihnen weiß Gott wo und wie in die Hände gefallen sein mochten. Auch einige Autos darunter, die waren, samt ihren Insassen, als erste wieder weg. Die Leute fühlten sich auch bei uns nicht mehr sicher. „Wie nah sind die Russen schon? Am Wechsel, vor Radkersburg, im Raabtal?" Für ein, zwei Tage teilten sie unser Wasser, unser Örtchen und unseren Keller vor den Fliegern am Himmel und vor den herabsausenden Flacksplittern. Kaum waren sie weg, kam Nachschub. Irgendwo schien ein menschenspeiender Vulkan ausgebrochen zu sein. Eine Verwandte aus der Gegend um Hartberg wollte nicht mehr weiter. Wir ließen sie bei uns bleiben, Platz war genug, der letzte Untermieter war eingerückt, der Vater beim Volkssturm, der Bruder auf der Schmelz. Die Angst vor dem, was uns bevorstand, schien weniger zu wiegen, auf je mehr Betroffene sie sich aufteilte.

Auch im Nebenhaus gab es Zuzug. Die ältere Tochter war über Nacht aufgetaucht, mit ihr kam ein junger Reichsdeutscher. In einem Feldlazarett hatte sie ihn aufgelesen, von Splittern zerfetzt, wie ein Kind beim Gehenlernen stolperte er über seine zerschossenen Beine. Nur wenn die Rotkreuzschwester ihn unterfasste, fiel er nicht gleich hin. Die Frau von nebenan ließ durch manche Bemerkung erkennen, dass sie ihrer ältesten Tochter den Sinneswandel vom Schwarzwald bis heute nicht verziehen hatte. „Wenn der ‚Führer' nicht auch noch gegen Volksschädlinge und Verräter im Inneren kämpfen müsste, wäre der Endsieg längst errungen", sagte sie. Ihrem „Adolf" schenkte sie unbeirrbar, wie ein trotziges Kind, das aus keiner Erfahrung lernt, weiterhin ihr Vertrauen. Was zählte es dagegen, dass die Bolschewiken jetzt sogar schon in Wien saßen. Sie glaubte, was Hitler in einer seiner letzten Reden verkündet hatte: „Berlin bleibt deutsch und Wien wird wieder deutsch."

Wer sich nicht mit Blindheit vor der Wahrheit schützte oder wen Dummheit sie nicht erkennen ließ, der sah, wie das für tauend Jahre geplante Reich zusammenbrach. Die innere Auflösung und das Ende des langsamen Sterbens wurden von jenen verbissenen kleinen „Führern" hinausgezögert, die ihre Macht nicht aus den Händen ließen – sie war ja das letzte, an das sie sich noch klammern konnten. Mit Aufrufen zum Durchhalten, mit Parolen vom Entscheidungskampf, der zuletzt doch den Sieg bringen werde, an den sie selbst längst nicht mehr glaubten, trieben sie halbe Kinder und Greise in den Kampf. Sie selbst packten unterdes bereits ihre Koffer für die Flucht, wer es ihnen aber gleichtun wollte, wurde wegen Feigheit vor dem Feind erschossen, wo man ihn aufgriff.

Das „tepperte Lausmentsch“ konnte sich nicht erklären, warum ich nicht auch längst an der Front war. Die Mutter fuhr sie an: „Der hat sich bei der Panzerfaust-Ausbildung auf der Tollinghöhe eine Bronchitis geholt, der nimmt ja nur einem anderen den Platz im Lazarett weg.“ Dann unternahm sie einen schweren Gang. Er führte sie zu unserem Hausarzt, einem stadtbekannten Nazi. Im Krankenhaus, dem er als Primarius vorstand, trat er wie auch außer Dienst stets in Breecheshosen und Reitstiefeln auf. Das Vertrauen der Mutter zu diesem Menschen ging auf die Barackenzeit zurück, als er den Frauen, die nicht noch mehr Kinder unter einem löcherigen Barackendach aufziehen wollten, geholfen hatte, wenn der Eingriff einer Pfuscherin schlimm zu enden drohte. Mit seiner mächtigen geschwungenen Fleischnase, den zerrauften Brauen über den braunen Augen und mit seinem gedrungenen Körper sah er so unarisch aus, wie sein Name arisch klang. Wenn er den Mund auftat, schwand jedem die Angst vor ihm. Seine Stimme tönte voll wie eine Bassgeige, sie war energisch und doch gutmütig, und wenn er eine Anweisung gab, befolgte jeder sie wie unter Hypnose. Aber es schwang in ihr kein Hinterhalt, keine warnende Schärfe, sie brauchte nicht um Vertrauen zu werben, sie strahlte es aus. Reitstiefel und Breecheshosen waren wie eine Maskerade. Die Mutter sagte zu ihm: „Helfen Sie mir, Herr Primarius, jetzt soll auch der zweite Bub noch einrücken. Wir tun ja schon genug für den Endsieg, mein Mann ist beim Volkssturm, der ältere Bub bei der Soldatenausbildung auf der Schmelz, vielleicht schon unterwegs zu den Russen nach Fischbach hinüber. Er will sich ja nicht drücken, aber Sie kennen ihn doch, wenn ihn der Wind anbläst, ist er krank." Die Brauen des Doktors dürften sich noch mehr geborstet haben, als sie es von Natur aus taten. Er wird eine Weile bei sich beraten haben, was er dieser hartnäckigen kleinen Frau sagen sollte. Dunkel mochte er sich meiner Kinderkrankheiten erinnert haben, sich jedoch nach so langer Zeit auf diese zu berufen, wenn er mich krank und kampfuntauglich schrieb, das konnte ihn selbst in Gefahr bringen. In diesen Tagen hatte sich bereits mancher für zuverlässig geltende Parteigenosse als „Verräter" entpuppt, und es war mit ihm kurzer Prozess gemacht worden. Dann dürfte der Herr Primarius, wie es eine Art war, wenn er eine Diagnose gestellt hatte, aufgestanden und zu seinem Zettelkasten gegangen sein. Er fragte kurz nach: „Seit der Tollinghöhe spürt er das schon? Nun ja, er hat ja schon immer mit den Nieren zu tun gehabt, wird halt eine chronische Entzündung daraus geworden sein. Ich nehm ihn ins Spital."

Die Mutter bedankte sich. Was wog es schon, dass der Doktor meine Organe verwechselt hatte und die Nieren für die Lungen krank sein ließ.

An dem Tag, als ich mein Bett im Krankenhaus bekam, starb der „Führer". Heldenhaft habe er gekämpft, verkündeten Radio und Zeitungen, inmitten seiner Soldaten an seinem Befehlsstand in der Reichshauptstadt, bis zum letzten Blutstropfen für sein deutsches Volk. Von Eva Braun, die im tiefsten Bunker der Reichskanzlei mit ihm das Ende aus eigener Hand teilte, wussten wir kaum vom Hörensagen. Sie war ein Schatten, den der Mond in die Nacht warf. Die Frau von nebenan hatte oft behauptet, dem „Führer" fehle etwas zu einem gewöhnlichen Mann. Auch Gott, der ihr sonst gleichgültig war, hätte sie kein Attribut der Männlichkeit zugestanden. Aus ihren Worten glaubte ich immer eine hinterhältige Befriedigung herauszuhören, dass der „Führer" sie niemals mit einer anderen Frau betrügen hätte können.

Mit Hitlers Tod hatte sich der von ähnlich heimtückischen Leuten wie jenen, die einst einen Vers auf Hermann Göring alias Maier gereimt hatten, neu gedichtete Refrain zu einem beliebten Lied erfüllt. Der originale Text lautete: „Es geht alles vorüber, es geht alles vorbei, doch zwei, die sich lieben, die bleiben sich treu." Längst sangen die Leute, wenn es nicht hörte, wer es nicht hören sollte: „Es geht alles vorüber, es geht alles vorbei, zuerst geht der Hitler und dann die Partei." Das Lied war verboten worden. Niemand sollte dadurch an die Vergänglichkeit allen Menschenwerks erinnert werden, eventuell sogar eines auf tausend Jahre veranschlagten Reiches.

Das Ende zum Anfang

Über den geschlossenen Bahnschranken unterhalb des Krankenhauses sprangen zwei Soldaten. Sie überquerten die Geleise, ließen auf den zweiten Schranken ihre Gewehre niedersausen, warfen sie hin, ihre Stahlhelme dazu und liefen weiter.

Jetzt wusste ich, dass der Krieg wirklich aus war. Ich eilte nach Hause, der Vater war schon vor einigen Tagen mit anderen Volkssturmmännern, zumeist Männer über sechzig und Jungen um 15 Jahre, von der Front, tief in der Steiermark, heimgeschickt worden. An Waffen und Munition kamen sie nur heran, wenn sie sie einem sterbenden oder toten Soldaten abnahmen.

Wir wussten, dass der Krieg aus war, aber wir konnten es nicht glauben. Die Zeitung dieses Tages, sie wurde noch pünktlich wie die vom vorhergehenden zugestellt, beseitigte den letzten Zweifel. Deutschland hat kapituliert, stand auf der ersten Seite, dort, wo noch gestern verkündet worden war, der Krieg im Osten geht weiter.

Es war früher Morgen am 9. Mai 1945. Noch heute sollte die Rote Armee durch das Mürztal bei uns einrücken. Der Bruder war noch nicht da, wenn er in einer Soldatenuniform den Russen in die Hände fiel, blühte ihm die Gefangenschaft.

Wir fühlten, was die Zeitung rechts oben am Rand schrieb: „Ein böser Traum ist zu Ende." Das Aufwachen zeigte uns, dass es kein Traum gewesen war, sondern unbeschreibbare Wirklichkeit. Noch nach so vielen Jahren später wird beim Versuch, sie mit Worten nachzuzeichnen, die begrenzte Möglichkeit der Sprache, anderen eigenes Empfinden zu vermitteln, deutlich. Im Rückblick vermischt sich noch stärker, was schon im Augenblick des Erlebens ineinander geflossen war: das Gefühl, vom Schrecken des Krieges erlöst zu sein, Trauer und Scham über das Geschehene, Sorge um das Schicksal der noch Abwesenden, Ungewissheit vor dem Kommenden. All dies stürzte auf einmal über uns. Aber eine Gewissheit überwog alles: Das Schlimmste hatten wir hinter uns.

Die Organisationskunst der Deutschen hatte bis zuletzt die wichtigsten öffentlichen Dienste in Gang gehalten. Die Geschäfte waren offen, Züge fuhren, Betriebe arbeiteten. Sie schöpften ihre Kraft aus der Gewalt, die bis zur letzten Stunde alles niedermachte, was sich ihr in den Weg stellte. Erst mit ihrem Zusammenbruch kam das Chaos.

Es zeichnete sich in diesen Morgenstunden ab. Plötzlich hieß es, die Kaufleute verteilten den Rest ihrer Vorräte an die Bevölkerung, damit nichts den Russen in die Hände fiel. Die Mutter lief mit dem kleinen Leiterwagen, mit dem wir schon Möbel und Ziegen transportiert hatten, ins Geschäft, wo sie einkaufte. Es war schon alles weg. In der nahegelegenen Käserei erbeutete sie im Kampf mit Leuten, die sich um den letzten Käse rauften, zehn Stück Stangenkäse. Wir vergruben ihn an verschiedenen Orten im Garten, markierten sie mit Holzstäben. Der Käse half uns über den ärgsten Mangel der nächsten Wochen hinweg.

Eine halbe Stunde vor dem Einzug der Roten Armee war endlich auch der Bruder da. Am Vortag war das Ausbildungslager aufgelöst, die Sechzehn- und Siebzehnjährigen waren mit dem Bemerken heimgeschickt worden, sie sollten sich bereithalten, man werde sie rufen, wenn man sie wieder brauche. Die Kapitulation, vor Stunden erklärt, wurde von den deutschen Ausbildern geheimgehalten. Ein Freund des Bruders, Sohn jener Frau aus den „hohen Häusern" im Barackenviertel, die ihren Ältesten hartnäckig Dolfi statt Adolf gerufen hatte, meinte, man werde sie bestimmt nicht mehr brauchen, mit Deutschland sei es aus. Er entging nur knapp dem Los jener vielen Soldaten und Zivilisten, die sich, als jeder schon das Ende vor Augen sah, durch Flucht zu retten suchten und als „Drückeberger" von den eigenen Leuten erschossen wurden. Der Koch des Ausbildungslagers war schon um sein Gewehr gelaufen, andere entwanden es ihm rechtzeitig. Der Bruder war mit den übrigen Jungen noch in der Nacht den Weg nach Judenburg hinuntergeeilt. Auf dem Bahnhof wartete die zusammengewürfelte Schar Hunderter Flüchtlinge aus dem Frontgebiet auf einen Zug nach Kärnten. Wer eine Gelegenheit sah, wollte in ein Gebiet gelangen, das von Engländern oder Amerikanern besetzt wurde. Am Morgen kam ein Zug. Er fuhr, wie der Fahrplan es vorschrieb, in die entgegengesetzte Richtung, den Russen entgegen. Der Fahrplan funktionierte noch, wie ein sich hartnäckig gegen das Sterben wehrendes Organ in einem Körper, der auszuckt. Der Zug brachte den Bruder nach Hause. Er kratzte sich, wie sich Anna. W. in ihren schlimmsten Zeiten gekratzt hatte. Er war total verlaust, seine gegen grobe Stoffe unempfindliche Haut war von Bissen übersät. Er zog die Uniform aus, der Vater lief mit ihr in den Keller und verheizte sie in der Waschküche. Auch in anderen Häusern rauchten die Kamine. Als kein Zweifel über das Ende des Hitlerregimes mehr bestand, wurden viele seiner bis zuletzt mit Stolz oder auch nur noch zur Tarnung über die innere Abkehr davon gehüteten Symbole verbrannt. Dokumente, Ahnenpässe, Auszeichnungen, ganze Fotoalben. Als erstes wurden die Bilder des „Führers", die in den meisten Wohnungen irgendeine Wand geziert hatten, heruntergeholt, aus den Rahmen gerissen und ins Feuer geworfen. In Rauch verwandelt, stieg die Erinnerung an den siebenjährigen bösen Traum in die Luft. Der Wind verwehte, was von ihr noch übrig war – wahrscheinlich haben viele Leute sie deshalb so gründlich vergessen …

Beim Einzug der Roten Armee saßen wir nicht wie damals bei Einzug der Deutschen Wehrmacht auf dem Zaun an der Straße und winkten den Soldaten zu. Wir warteten, erleichtert über das Kriegsende, zugleich aber mit einem bangen Gefühl zu Hause auf das, was nun kommen sollte. Es kam einiges von dem, was uns vorausgesagt worden war, wenn auch bei weitem nicht alles. Die „Untermenschen", so hatte es ja bis zuletzt geheißen, würden ein gewaltiges Schlachtfest unter allem, was deutsch war oder für deutsch galt, veranstalten. Die Rotarmisten, ärmer als wir, holten sich aus unseren Häusern, was sie lange entbehrt, vielleicht nie besessen hatten. Und sie holten sich nach dem uralten Beuterecht der Soldateska Frauen, wo sie ihrer habhaft wurden. Die Schwellen von Anstand und Menschlichkeit waren im langen Krieg abgebaut worden, die letzten Hemmungen räumte der Wein weg, den sie aus zerschossenen Fässern tranken. Einige gelangten in unserer Stadt versehentlich an Methylalkohol und starben daran. In den ersten Nächten versteckten sich die Mutter, unsere Verwandte und einige andere Frauen unter dem Heuhaufen im winzigen Giebel über unserem Ziegen- und Kaninchenstall, um den Nachstellungen durch die Soldaten zu entgehen.

Einige Leute, denen niemand etwas Böses nachsagen konnte, folgten dem Reich, ohne dessen Existenz ihnen ihr eigenes Leben wertlos geworden schien, freiwillig in den Tod. Der dicke Apotheker unserer Stadt und seine freundliche Frau erschossen sich. In ihrem Gehöft am Stadtrand rottete sich eine fünfköpfige Bauernfamilie eigenhändig aus, es hieß aus Angst vor einer Gruppe von Soldaten oder Plünderern, die sich ihrem Anwesen näherte.

Nicht weit von unserer Siedlung entfernt wurden in einer Schottergrube achtzehn notdürftig verscharrte nackte Leichen gefunden. Sie hatten nicht selbst Hand an sich gelegt, und sie waren auch nicht erst nach dem Kriegsende gestorben, Sie gehörten zu den vielen Opfern, die vom sterbenden Schreckensregime gewaltsam in seinen Tod mitgerissen wurden. Es blieb unklar, welcher Herkunft die Ermordeten waren, ob Gefangene, Zwangsarbeiter oder so genannte „Drückeberger“ der Deutschen

Wehrmacht. Niemand von uns hatte die Schüsse vernommen, niemand wollte sie abgegeben haben.

Unter Gerümpel im Stall hatte der Vater seine Schusterbank versteckt. Er hütete sie wie einen Teil seines eigenen Körpers. Er wusste so wenig wie sonst jemand, wann es wieder ein Stück Absatzgummi, einen Streifen Leder, ein paar Nägel zu kaufen geben würde. Aber er rechnete fest damit, dass es bald wieder so weit sein würde, und dass es an Schuhen, die zu flicken waren, keinen Mangel gab, lag auf der Hand.

Auf unseren gepachteten Futterwiesen weideten russische Mulis das letzte Gras zwischen den dort aufgestellten Soldatenzelten und Geschützen ab. Die Rote Armee richtete sich für längere Zeit, als uns lieb war, zum Bleiben ein. Auch die Übergriffe, wie schönfärberische Sprache den neuen Terror nannte, dauerten an. Wir verwarfen die Hoffnung, der lange Franzose aus Toulouse oder die Lehrerin von der Krim würden uns beistehen, sollten die Plünderungen noch länger weitergehen. Deren Sorge galt nicht uns, sie trachteten, so rasch es die zusammengebrochenen Verkehrsverbindungen erlaubten, wieder in ihre Heimat zurückzukommen. Wie hätten wir auch erwarten dürfen, sie würden das bisschen Vergeltung hindern wollen, das uns traf für das, was ihnen auch in unserem Namen all die Jahre über angetan worden war.

In diesen Tagen kehrten einige Totgeglaubte aus Gefängnissen, Lagern und aus kurzer Kriegsgefangenschaft zurück. Einer der ersten war unser einstiger Barackennachbar, der Veitstänzer und Kaltraucher. Sein Auftauchen war wie das eines kurzlebigen Schattens, den eine Sonne, die noch keine rechte Kraft besitzt, auf eine Hauswand malt. Noch vor dem Kriegsende war es ihm gelungen, aus dem „Himmelfahrtskommando“ zu flüchten. Eines Nachts war er an der Tür seiner alten Barackenwohnung gestanden, in aller Eile hatte er zusammen mit seiner Frau ein Versteck hinter einem Wandschrank errichtet, sich darin bis zum Ende verborgen gehalten. Als der Rest der „tausend Jahre“ herum war, half er bei der von der Besatzungsmacht erlaubten österreichischen Hilfspolizei am Aufbau einer neuen Ordnung mit. An einem seiner dienstfreien Tage wurde er gegen eine Gruppe von Plünderern, einstigen Zwangsarbeitern aus der Ukraine, zu Hilfe gerufen. Er hätte nicht gehen müssen, aber er ging, weil er Menschen in Bedrängnis seinen Beistand nicht versagen wollte. Was geschah, spielte sich nicht weit von unserem Haus ab. Einer der Plünderer entriss ihm seine Pistole, schoss ihn damit nieder. Er starb auf der Stelle. Der Totgeglaubte war nun wirklich tot, doch da er es war, wollte niemand es glauben. Eine Woche später kehrte sein Sohn aus dem „Besserungslager“ nach Hause zurück. Die Erde auf dem Grab des Vaters war noch frisch, die Blumen kaum verwelkt, so stand er davor. Wir erkannten ihn nicht. Er war fast siebzehn und sah aus wie elf. Die Erinnerung an diese tragische Gestalt in einer Zeit voller Tragödien hält der später nach ihm benannte Hans-Roch-Weg in unserer Stadt wach.

Von Wels, wohin das Grazer Landgericht auf der Flucht vor der Roten Armee verlegt worden war, kehrte die letzte Insassin der Zelle 57 heim. Auf einem klapprigen Fahrrad brachte sie die letzte Etappe ihres Leidensweges hinter sich. Ins Gefühl über das wiedergewonnene Leben mischte sich Trauer um den Mann, dessen Fahnen nun wieder wehen durften. Aber er sah sie nicht mehr.

Tot geglaubt hatten wir auch den älteren Sohn aus dem Nebenhaus. Über ein Jahr war er vermisst gewesen. Eine Kartenaufschlagerin, die in dem winzigen Häuschen, in welchem wir einst der Frau mit dem Kropf unsere Kinderlieder vorgesungen hatten, ihr Wesen trieb, hatte der Nachbarin prophezeit, er werde in einem Monat nach Hause kommen. Nach abgelaufener Frist stand er da. Auch ihn erkannten wir nicht. Sein Gesicht war aufgedunsen, die Zähne waren ihm herausgeschlagen, das Haar ihm vom Haupt geschoren. Ein paar Finger waren ihm von Grantsplittern verstümmelt worden. Sein Überleben glich einem größeren Wunder als der ohne jede Verletzung überstandene 13-Meter-Sturz mit dem brechenden Baumast. Seither war die Frau von nebenan von ihrem Glauben an Wahrsagerinnen so wenig abzubringen, wie sie es seinerzeit von dem an den „Führer“ gewesen war.

Das Schlimmste, das uns nach dem Zusammenbruch Großdeutschlands, in den wir mithineinstürzten, traf, war die Demontage eines großen Teils der Fabrikseinrichtungen. Alle Maschinen, die von den Deutschen zur Waffenerzeugung hineingeräumt worden waren, räumten die Russen heraus, nahmen sie als Abzahlung für einen Teil der ihnen zugefügten Kriegsschäden. Die Arbeiter mussten dabei mithelfen. Jeden einzelnen bedrückte das Gefühl, man habe ihm die Pulsadern aufgeschnitten und sein eigener Herzschlag helfe beim Verbluten mit. Der Vater sagte, mit dem Bayrischen Hilfszug hat es angefangen und so hört es auf.

Als endlich fort war, was nicht wirklich uns gehört hatte, endete auch das Nachtrauern. Mit dem uns Verbliebenen fing die Arbeit für Österreich an. Die Schmelzöfen waren noch da, die Schmiedehämmer, Walzstrecken, Drehbänke, andere Maschinen. Und das, was wir im Kopf und in den Händen hatten.

An den Namen Österreich mussten wir uns erst gewöhnen. Für viele Jüngere klang er unvertraut, manche Ältere schämten sich seiner, sie schämten sich nicht dafür, dass sie ihn für sieben Jahre vergessen gehabt hatten. Die meisten zogen ihn wie ein Gewand über, das lange in einem verbotenen Schrank gelegen hatte. Die ihm einst zugefügten Schäden waren noch sichtbar, das Gewand hatte uns ja an vielen Enden und Ecken gedrückt. Aber wir fühlten, dass es unser eigenes war, uns zwar schäbig, aber menschlicher kleidete als jene braune Kluft, die wir mit dem Namen Ostmark endgültig abgelegt hatten.

In den Wochen nach dem Kriegsende mussten wir uns oft früh im Nebelgrau um Brot anstellen. Um ein schwarzes, klobiges Brot. Ein Getreidelager war abgebrannt, vielleicht angezündet worden. Was an Weizen und Roggen nicht ganz verkohlt war, musste, da es nur wenig Getreide gab, gemahlen und zum Teig gemischt werden. Das Brot schmeckte bitter, aber wir aßen es endlich in Freiheit.

Der Käse ist weg

Es musste noch eine Stange Käse in der Gartenerde schlummern! Neun hatten wir herausgegraben, jeweils eine im Abstand von ein, zwei Wochen. Sie besserten noch immer unsere schmale Kost auf. Wo war die letzte Stange? Unsere Hoffnung, sie zu finden, war heftig wie das Knurren im Bauch. Ich stieß den Spaten an einer neuen Stelle in die Erde. Auch hier – nichts! Ich rief den Hund herbei, zog ihn am Ohr über den aufgewühlten Garten. „Hast du …?“ Rolf zog die Rute ein. Er sah mich schuldbewusst an. Er sah immer schuldbewusst drein, redete man ihn scharf an. Den Käse hatte er gewiss nicht gefressen, aber vielleicht den Markierungsstecken ausgegraben, ihn irgendwohin verschleppt.

Die Frau vom Nebenhaus trat an den Gartenzaun. „Ihr fangt ja heuer zeitig mit dem Herbstumstechen an. Und gleich dreimal hintereinander. Vorgestern der Vater, gestern der Bruder, heute du.“ Sie wiegte den Kopf, lachte, dachte wohl, wir wären übergeschnappt.

Sie konnte leicht lachen. Zu ihrem Segen war England nicht ausradiert worden, wie der Hitler – sie nannte ihn nicht mehr Adolf – es einst versprochen hatte. England existierte, wir sahen es täglich. Die Russen waren mit der halben Fabrik und einer Menge anderer Sachen abgezogen, die Engländer hatten ihre Besatzungszone auf die ganze Steiermark ausgeweitet. Sie waren uns willkommen. Sie taten keiner Frau Gewalt an – es liefen ihnen genug freiwillig nach. Ein Soldat Seiner Majestät, des

Königs von England, tauchte auch im Nachbarhaus auf. Die jüngere Tochter hatte sich mit ihm eingelassen. Ich bin sicher, dass sie es nicht wegen der Schokolade getan hat, wegen der Dosen mit Corned beef und der anderen Lebensmittel, die er herbeischleppte. Sie liebte ihn, und danach handelte sie. Er war ein freundlicher Bursche. Dass er ein bisschen so aussah, wie die Frau vom Nebenhaus und die meisten von uns sich einreden lassen hatten, so sähen Juden aus, das spielte ja jetzt keine Rolle mehr.

Im Nebenhaus war Platz für den Engländer. Die ältere Tochter hatte sich mit dem noch immer das Gehen lernenden jungen Deutschen heim in den Harz repatriieren lassen. Sie war nicht von seiner Seite zu bringen. Als es anders nicht mehr möglich war, bei ihm zu bleiben, heirateten die beiden. Sie fürchtete sich nicht, fortan im Osten Deutschlands leben zu müssen – seit sie anderes fürchten gelernt hatte.

Ich warf den Spaten hin. Irgend jemand musste uns bei der Käse-Exhumierung beobachtet, unseren letzten Schatz heimlich gehoben haben. Oder wir hatten uns verzählt und auch die zehnte Stange schon aufgegessen. Wie immer: Der Käse war weg.

Frau Lintschi trug sich vorderhand mit keinen neuen Hamsterfahrten. Ihr war etwas Besseres untergekommen. Im großen Restaurant wurden die Angehörigen der englischen Besatzungstruppen ausgespeist. Man suchte Küchenhilfen, und das kam ihr gerade recht. Vom Tisch der Sieger fielen hin und wieder ein paar Brocken ab. Nicht so reichlich, wie Frau Lintschi erhofft hatte, aber sie kam zu ihrem Teil. Sie erzählte, manche Tommies hielten uns Österreicher noch immer für verkappte Deutsche und auf jeden Fall für mitschuldig am Krieg. Sie pissten auf die Küchenabfälle, verdarben dem Hungrigsten die Lust, Brotreste, ein paar Nudeln, halbe Gurken und Paradeiser aus den Kübeln zu fischen. Sie zertraten abgerauchte Zigarettenstummel, wenn ein notleidender österreichischer Kettenraucher sich danach bückte. Manche Raucher hatten es im Stummelsammeln zur Meisterschaft gebracht. Sie waren flink, schnappten den Zigarettenrest und rauchten ihn, war noch eine Spur Glut dran, gleich an Ort und Stelle zu Ende. Sonst wurden die Tabakbrösel mehrerer Kippen auf ein Stückchen Zeitungspapier verteilt, daraus eine richtige Zigarette gedreht. Mir graute es. Das üble Beispiel hat mich bewahrt, selbst mit dem Rauchen anzufangen. Es wäre verrückt gewesen, neben dem Hunger nach Fleisch und Brot mir auch noch den nach Tabak anzugewöhnen.

Die Lebensmittelrationen wurden wöchentlich aufgerufen, gespannt erwarteten wir von einem zum anderen Mal die Menge der uns zugeteilten Kalorien. An Lebensmittelkarten waren wir beim Einkaufen wie an den Umgang mit Geld gewöhnt. Von beidem hatten wir wenig. An manchen Sonntagen radelten wir die Bauernhöfe der Umgebung nach einem Kilo Erdäpfel, einem Stück Brot ab und kehrten abends mit leeren Händen heim. Aus versteckt gehaltenen Vorratskammern kam einiges zum Vorschein, aber das konnten sich nur Schwarzhändler leisten, die im Krieg und später zu genug Geld gekommen waren und was sie errafften, zu Überpreisen weiterverkauften. Vom Überstundengeld des Vaters war wenig mehr als vom „Lohn“ für seine vielen gratis verfahrenen Panzerschichten übrig. Es reichte für das, was wir offiziell kaufen durften. Selbst auf jenem Bauernhof, wo findige Frauen bis kurz vor Kriegsende Milch erhamstert hatten, waren die Quellen versiegt. Sie hätten die Milch ohne Furcht nach Haue tragen können. Der Hamstererschreck und einstige Zellenleiter führte längst wieder seinen Dackel an unserem Haus vorbei, doch trug er keine Uniform mehr, und die Frauen, denen er vor kurzem noch die erhamsterte Milch verschüttet hatte, grüßte er freundlich.

Dieser Sommer brachte wenig zur Reife. Viele Felder lagen brach, auf manchen zerfahrenen und zertrampelten Wiesen verdorrte das Gras am Halm. Auch die Erde brauchte Zeit, neuen Atem zu holen. Nach Sommerende sperrten die Schulen wieder auf. Die beiden Lehrwerkstätten der Fabrik wurden zu einer zusammengelegt. Aus jener im neuen Werk waren die Maschinen abtransportiert worden. Heimkehrende Soldaten hatten unzählige Waggons, beladen mit Reparationsgütern aus dem Hitlerreich, an den Grenzen zur Sowjetunion entdeckt. Den Wettern ausgesetzt, rosteten sie dahin. Die größere Spurweite der russischen Bahn hatte der Siegermacht den fetten Brocken im Halse stecken bleiben lassen. Bis alles endlich umgeladen weiterkam, war das meiste unbrauchbar geworden.

Der neue Ausbildungsleiter rief uns zusammen. „Ihr wollt euch doch gern endlich einmal wieder richtig satt essen. Unsere Bauern brauchen Erntehelfer, die Fremdarbeiter sind fort, viele Bauernsöhne noch in Gefangenschaft. Wir schicken euch auf ein paar Wochen in die Weststeiermark."

Ein Bauer und seine Frau, ältere Leute, nahmen mich auf. In Goldes nächst Kleinklein bei Großklein, auf einem Bergrücken, stand ihr Anwesen. Ich hielt die Namen für einen Scherz. Aber golden leuchtete das Laub der Edelkastanien, und klein war das Nest. Die freundlichen Bauersleute warteten auf ihren Sohn. Zuletzt hatte er von der Ostfront eine Feldpostkarte geschickt, seither war er vermisst.

„Der kommt schon", tröstete der Bauer sein Weib, „einmal lassen sie auch den letzten Gefangenen aus." – „Aber wann?", fragte die Bäuerin den lieben Gott.

Meine Hilfe kam ihnen recht. Es gab Erdäpfel auszugraben, Kürbisse einzusammeln, abgemähtes Futtergras in den Stall zu schaffen.

In meiner schmalen Kammer roch es modrig, das Bettzeug griff sich feucht an. Die Mauern schwitzten, der Holzfußboden quietschte, die Kastentür raunzte. Aber durch das winzige Fenster streckte ein Zwetschkenbaum seinen Ast herein. Süße, blaue Früchte hielt er mir entgegen. Ich griff zu. Es war schön, hier zu sein.

Der Bauer kam mit einem Körbchen voll Steinpilzen aus dem Wald. Die Bäuerin briet sie in einer gusseisernen Pfanne schwimmend in Schweineschmalz. So üppig hatte ich seit den nächtlichen Henkersmahlzeiten beim Südostwallbau in Rohitsch-Sauerbrunn nicht mehr gegessen.

Beim Kleesamendreschen staubte und qualmte es wie beim Ofenabstich in der Fabrik, nur stank es nicht wie dort auch noch nach Gift und Gas. Der Kleesamen zur Aussaat fürs erste Jahr im Frieden häufte sich langsam auf dem Tennenboden. Der Schweiß nässte uns den Rücken, er rann uns übers Gesicht und schwemmte Furchen aus dem Schmutz auf unserer Haut. Wir rotzten, keuchten und spuckten, schwarz kam es aus den Lungen. In der Nacht fröstelte es mich, am Morgen glühte ich. Die Bäuerin schlug die Hände zusammen, wie die Großmutter, als sie meiner roten Haut ansichtig geworden war. „Mein Gott, Bub, was machen wir denn jetzt mit dir? Bei uns gibt es weit und breit keinen Doktor."

Ich brauchte keinen Doktor. Wozu hatte die Mutter einst an mir ihre Hausmittel erprobt, wüsste ich jetzt keines anzuwenden? Ich bat um ein paar Löffel Mehl, ein Glas Essig, einige Leinenflecken. Ich rührte einen Essigteig an, legte ihn als Umschlag kreuzweise aufs linke Handgelenk, auf die rechte Fußfessel. Ein paar Stunden später war das Fieber gesunken. Ihre schwere Arbeit hob meine Achtung vor den beiden Bauersleuten, mein guter Wille, mich dabei nützlich zu machen, auch wenn ich fast daran erstickte, die ihre vor mir.

Der Winter stieg die Berge herab. Wir hatten keine Kohle im Keller, kein Holz im Schuppen, froren, ehe es noch kalt war. Der Vater brachte eine gute Nachricht heim. Jeder Arbeiter bekam einen Streifen Wald zugewiesen. Den durfte er ausholzen, Windbruch und kranke Bäume schlägern. Einen Teil des Holzes durfte jeder für sich behalten, der andere wurde ihm gegen Kohle eingetauscht.

Unser Streifen lag hoch am Berg, knapp unter einer kleinen Wallfahrtskirche. Im Schlag gegenüber hackte und sägte ein unbeholfen und schwerfällig wirkender Mann seinen Streifen aus. Alles an ihm schien ein wenig aus der Form und zu wuchtig geraten, vom Kopf herab bis zu den Füßen. Er war ein dankbares Objekt für harmlosen Spott. „Wenn du auftauchst, schreckst du alle fort, sogar das Jahr", witzelten die Arbeiter. Seine frommen Eltern hatten ihn Sylvester getauft, er schleppte den Namen wie einen Schandfleck durch unsere unfromme Gegend. Vom Vater ließ er sich die Schuhe flicken. „Da musst du schon noch tüchtig blechen für deine Geigenkasten", zog er ihn auf. Es war in Freundschaft gesagt. An dem Mann mit Schuhen wie Geigenkasten hatte der Vater im Februar 1934 keine Enttäuschung erlebt, er war nicht über Nacht von dieser auf jene Seite übergelaufen, er war immer auf der anderen gestanden und hatte es nie verleugnet. Man ließ ihn später dafür büßen, schickte ihn zu schwerer, gefährlicher Arbeit. Jahrelang schaffte er in der Grube der Gusshütte. Wer dort seine Zeit abschwitzte, brauchte sein Gottvertrauen. In der tief mit Sand bedeckten Werkshalle kühlte der flüssige Stahl in den Gussformen langsam aus. Solange er weich war, musste der Gusskopf abgehoben werden. Ein Mann war beim Anlegen der Kranketten ausgeglitten, zwischen die glühenden Kokillen gestürzt. „Der war weg, bevor ihm jemand helfen konnte", erinnerte sich der Vater. „Für ihn haben sie den Sylvester in die Grube gesteckt. Der hat schon kapiert, dass man ihn zwicken wollte, er ist ja auch nach dem Anschluss der alte Querkopf geblieben, hat aber nicht gemurrt und sich nicht dagegen gesträubt, er hat seine Arbeit getan, nicht schlechter als der Beste. Mit der Zeit hat sich das Witzemachen über seinen Namen und weil er so patschig ausgesehen hat, gelegt."

Wir sägten dürre Äste, Windbruch und Sterblinge aus, stapelten das geschlägerte Holz, fuhren es, solange kein Schnee lag, auf Handwagen zu Tal, verluden es später auf Schlitten. Der Vater vorn, der Bruder oder ich als Bremser auf dem hinten angehängten Fichtenstämmchen, sausten wir den Hohlweg hinunter.

Jeden Morgen, noch ehe er zu Axt oder Säge griff, verweilte der Mann auf dem Schlag gegenüber ein wenig. Er schaute zur kleinen Kirche hin, von der er kaum den Turm entdecken konnte, nahm den Hut ab und legte die Hände ineinander. Dann ging er es an. Der Vater hob die Schultern. „Davon ist er nicht abzubringen. Nicht einmal die Nazis haben ihn davon abbringen können."

Der Herr Sylvester auf der anderen Seite, wie linkisch er aussah, so geschickt griff er zu. Bei magerer Kost, mit fadenscheinigen Kleidern wie wir, war er der Zuversichtlichsten einer, dass es nur besser werden könne in Österreich. Keinem kam, nach allem, was hinter uns lag, der Gedanke, er gehöre, weil sein Bild von der Welt ihn auch auf der anderen politischen Seite festhielt, nicht zu uns.

Humus

Anna W. ist mir nie wieder begegnet. Ich weiß nicht, ob sie noch in unserer Stadt lebt. Vielleicht ist sie, wie ich, vor langem aus ihr fortgezogen, und ein Besuch daheim hat sie in dem einen richtigen Zeitpunkt über meinen Weg geführt. Es ist auch möglich, dass sie nicht mehr lebt.

Aus den Büschen beim Friedhofseingang schwirrt ein Spatzenschwarm. Mein Schritt, oder irgendetwas anderes, das ich nicht wahrnehmen kann, hat die Vögel aufgeschreckt. Ein Stück weiter fallen sie ins nächste Gebüsch.

Das Grab, von dem die Mutter vor Allerheiligen das Unkraut jätete, ist aufgelassen. Nicht weit davon hat sich der stoppelhaarige Pfarrer zu seiner Gemeinde gelegt. Mancher Name ruft ein Gesicht in mir wach. Ich sehe das einer zarten Frau und ihres schwerfälligen Ehemannes vor mir. In seiner gefährlichen Gemütlichkeit war er in die SS gestolpert. Seine Frau konnte keine Kinder kriegen, man legte ihm nahe, was damals möglich war, sich deswegen von ihr scheiden zu lassen. Da war er aus seiner Trägheit aufgeschreckt, er hatte auf Kinder und SS verzichtet, war bei ihr geblieben. Auf ihrer Oberlippe trug sie eine leichte Hasenscharte, sie entstellte ihr Gesicht nicht, machte es unverwechselbar, und ihres Mannes Treue lässt es mir, auch wenn sie seit langem tot ist, schön erscheinen.

Der Sohn des Pumpenwärters schläft seinen letzten Rausch aus. Er nahm ein schmähliches Ende. Auf dem Heimweg von der Wirtschaft, wo er weiterhin den größten Teil seines Lohns für Schnaps ausgab, hatten ihn seine Beine in einer kalten Winternacht gerade noch bis zum Hundekotter hinter dem Haus getragen. Er war hineingekrochen, der Hund, verschreckt vom Fuseldunst, hinausgelaufen. Am Morgen saß er vor seinem Kotter, bewachte den letzten Schlaf des Trunkenbolds.

Am oberen Friedhofsende hält ein Rund aus Marmorplatten die Namen der Kriegstoten fest. In Kolonnen stehen sie da, wie sie ausmarschiert und umgekommen sind. In der ersten Reihe der Sohn der Böhmin. Auch sein Gesicht sehe ich, es ist noch immer von Sommersprossen übersät. „Der wird noch einmal ein Professor …", hatte die Frau mit dem Kropf zu uns gesagt.

Ein kleiner Gedenkstein trägt die Namen anderer Opfer. Das lachende Gesicht des Flugzettelsteuers und Fahnenaufziehers, der so wenig zu lachen hatte in seinem kurzen Leben, sehe ich vor mir. Daneben das des Veitstänzers und Kaltrauchers, Besitzers einer unvergesslichen Lederhose. Sein gewaltsames Ende durch Leute aus dem Land, von dessen Freiheit er mehr Menschlichkeit erhoffte, hat ihm den ehrenvollen Platz nicht verspielt.

Die Spatzen fliegen wieder heran. Mit Geschrei fallen sie in den Schmuck auf den Gräbern. Einer pickt nach den Blumen, ein anderer spreizt seine Flügel auf einem steinernen Engel. Sie fliegen auf, meinem Weg voran. Sie kennen ihn. Das atemlose Erschrecken vor dem Namen der Mutter bleibt schon aus. Nur noch ein verwundertes Staunen ist übrig, wie über die Gewöhnung an die lange Abwesenheit eines Ausgewanderten.

Es sind nur noch wenige Reihen bis zum anderen Ende des Friedhofs. Auf keinem Grabstein habe ich Annas Namen gefunden. Aber plötzlich bleibe ich stehen, eines anderen erinnere ich mich. Hier in der Nähe muss die Frau mit dem Kropf liegen. Die alten Merkzeichen sind noch da: ein schmiedeeisernes Kreuz, zwei Marmortafeln, dahinter der vermooste Stein. Auf dem fremden Stein, auch er ist schon wieder vermoost, steht ein fremder Name. Auch das Grab der Frau mit dem Kropf ist aufgelassen.

Weiter vorn flattern wieder die Spatzen auf. Kein Schritt hat sie fortgeschreckt, wenn sie etwas wahrnehmen, so bleibt es mir noch immer verborgen. Mein Verstand sucht nach einer Erklärung, Vögel und andere Lebewesen vernehmen Töne, deren Schwingungen unser Gehör nicht erfasst. Vernehmen sie auch noch etwas anderes, das unsere derben Sinne nicht begreifen? Aus den Toten ist Humus geworden, die Spur ihres Daseins bleibt in der Zeit.

Ein paar der unruhigen Vögel wirbelt es ein Stück höher, in den gleichgültigen Himmel.

Das Buch erscheint mit Unterstützung von

Einbandgestaltung: Peter Eberl, Gleisdorf, www.hai.cc
Gesamtherstellung: Steirische Verlagsgesellschaft
ISBN 3-85489-110-5
www.svg.co.at